A alma

Dados Internacionais de Catalogação na Publicação (CIP)
(Câmara Brasileira do Livro, SP, Brasil)

Grün, Anselm
  A alma : seu segredo e sua força / Anselm Grün, Wunibald Müller ; tradução de Edgar Orth. 2. ed. – Petrópolis, RJ : Vozes, 2010.

  Título original alemão: Was ist die Seele? Mein Geheimnis – meine Stärke
  ISBN 978-85-326-3941-7

  1. Alma 2. Espiritualidade 3. Fé 4. Misticismo 5. Psicologia religiosa I. Título.

09-10869   CDD-233.5

Índices para catálogo sistemático:

1. Alma humana : Teologia cristã   233.5

Anselm Grün
Wunibald Müller

A alma

Seu segredo e sua força

Tradução de Edgar Orth

Petrópolis

Título original alemão: *Was ist die Seele? Mein Geheimnis –
meine Stärke*
Anselm Grün / Wunibald Müller

© 2008 by Kösel-Verlag, München
do grupo editorial Handom House GmbH, Munique –
Alemanha

Direitos de publicação em língua portuguesa, Brasil:
© 2010, Editora Vozes Ltda.
Rua Frei Luís, 100
25689-900 Petrópolis, RJ
Internet: http://www.vozes.com.br
Brasil

Todos os direitos reservados. Nenhuma parte desta obra
poderá ser reproduzida ou transmitida por qualquer forma
e/ou quaisquer meios (eletrônico ou mecânico, incluindo
fotocópia e gravação) ou arquivada em qualquer sistema ou
banco de dados sem permissão escrita da Editora.

Diretor editorial
Frei Antônio Moser

Editores
Aline dos Santos Carneiro
José Maria da Silva
Lídio Peretti
Marilac Loraine Oleniki

Secretário executivo
João Batista Kreuch

Editoração: Frei Leonardo A.R.T. dos Santos
Projeto gráfico: AG.SR Desenv. Gráfico
Ilustração da capa: © Getty Images/Thomas Northcut
Artefinalização da capa: Juliana Teresa Hannickel

ISBN 978-85-326-3941-7 (edição brasileira)
ISBN 978-3-466-36820-4 (edição alemã)

Editado conforme o novo acordo ortográfico.

Este livro foi composto e impresso pela Editora Vozes Ltda.

Para Hildegard Veira
(1948-2008)

A alma que mantém coesa minha substância, pérola dura no côncavo da concha, vai entregar-se um dia por completo.
Thomas Merton

Sumário

Prefácio, 9

Parte I, 15

    Aproximações: o que significa a alma?, 17

    A alma: promotora da vida, 28

    Alma e consciência, 39

    A pessoa animada (cheia de alma), 49

    A alma como universo em nós, 58

    Caminhos para a alma, 71

Parte II, 85

    Sobre a imortalidade da alma, 87

    A questão da vida eterna, 96

    A alma e o contato com os falecidos, 109

Parte III, 119

    A alma nos une a Deus, 121

    Deus se revela na alma, 129

    A alma como lar da oração, 136

    Entrar em contato com a alma no silêncio, 143

Parte IV, 151

Cada um de nós só tem uma vida, 153

A alma muda nosso destino, 159

A alma como princípio unificador original, 166

Parte V, 173

Encontrar a alma no dia a dia, 175

Encontrar a alma na música e na arte, 185

Corpo e alma, 192

Parte VI, 199

Pastoral e psicoterapia como cuidados com a alma, 201

A alma e seu interesse pelo misterioso, 216

Parte VII, 225

A alma entre o eu e o tu, 227

Criar alma pela compaixão, 233

A alma como fonte do amor, 238

Bibliografia utilizada e para leitura complementar, 243

Prefácio

Em 1668, o poeta místico Ângelo Silésio escrevia: "Quem pensa encontrar sua alma vai perdê-la sem mim. Quem parece perdê-la por mim vai conduzi-la para casa". Em 1975, os editores do *Gotteslob* acharam que deviam desculpar-se pela palavra "alma". Significaria "vida". A palavra alma já não cabe na espiritualidade dos anos setenta. Mas com a eliminação dessa palavra antiquíssima esquecem-se as muitas sabedorias que a linguagem há muitos séculos ligou à alma.

Hoje sentimos que o esquecimento da alma não nos faz bem. Quando falamos de alma, isto não tem mais a ver só com as concepções que tinham o filósofo grego Platão ou a filosofia tomista. Significamos com esta palavra tudo o que vinculam a ela a filosofia, a literatura, a teologia, a psicologia profunda, a espiritualidade e a mística. A alma nos remete para a interioridade onde a pessoa entra em contato com seu verdadeiro si-mesmo, em que pressente algo do esplendor original de seu ser humano. Falar da alma nos dá asas, nos dá um quê de leveza.

A teologia dos anos setenta era cética com relação à alma porque via a alma por demais em oposição ao corpo. Tinha medo de que a integralidade da pessoa fosse desconsiderada. E temia uma orientação demasiadamente para o além da pessoa, que, neste caso, só se importaria em salvar sua alma para a eternidade. A alma ultrapassa totalmente este mundo e este tempo. Mas é exatamente isso que nos capacita a ficar aqui com os dois pés no chão, a trabalhar na formação deste mundo e elevar-nos ao mesmo tempo com as asas da alma acima do imediatamente disponível e, assim, poder lançar um outro olhar sobre a realidade de nossa vida.

Neste diálogo queremos perseguir o mistério da alma, assim como o encontramos na Bíblia, na tradição espiritual, na poética, na psicologia profunda, no trabalho psicoterapêutico e nas experiências concretas de nossa vida. Com este intuito, vamos também penetrar sempre na dinâmica e na força que são próprias da alma.

A linguagem sempre soube que não se daria bem sem a palavra alma. A linguagem é cheia de sabedoria. Paul Celan disse certa vez que não existia linguagem sem fé, nem fé sem linguagem. Não podemos mudar arbitrariamente a linguagem, ou criar uma nova a partir da mesa de trabalho.

A linguagem é plena de sabedoria e fé. Queremos, pois, frequentar a escola da linguagem e aprender o que ela nos diz sobre a alma, o que nos ensina sobre o mistério de nossa própria vida.

Foi empolgante para nós dois – para o terapeuta Wunibald Müller e para o monge Anselm Grün – travar um diálogo entre nós sobre a alma e beneficiar-nos nesta troca de ideias com sempre novos aspectos da alma. Pudemos fazer a experiência que, na troca de ideias sobre a alma, a alma entre nós começou a vibrar, que a alma não vive só em nós, mas também entre pessoas que entram numa permuta viva entre si. De tal forma que aquele que sente sua alma pode também sentir a do outro.

Possa este diálogo também introduzir a leitora e o leitor num diálogo interior conosco e abrir-lhes os olhos para o mistério de sua alma e de sua vida e para o mistério de Deus que – como dizem os místicos – mora no chão de nossa alma e lá faz brilhar o esplendor original de nosso verdadeiro si-mesmo. Possa ele encorajá-los a confiar em sua alma, entregar-se à sua orientação a fim de tornar fecunda para sua vida a força que dela sai.

Agradecemos ao senhor Jochen Barth por valiosas sugestões. Mas agradecemos sobretudo ao senhor Winfried Nonhoff, da Kösel-Verlag, que sugeriu este diálogo e de modo tão insistente que nossa alma pegou fogo e nós pusemos mãos à obra.

Anselm Grün
Wunibald Müller

Canto dos espíritos sobre a água[1]

A alma humana
se parece com a água:
vem do céu,
para o céu sobe,
e novamente para baixo
à terra precisa ir,
mudando eternamente.

Desce do alto
do íngreme rochedo
o jato puro,
então eleva-se mansamente
em ondas de nuvens
para a rocha escorregadia,
e recebida facilmente,
domina veladamente,
rumoreja em silêncio
para dentro da profundeza.

---

1. ***Gesang der Geister über den Wassern*** // *Des Menschen Seele / Gleicht dem Wasser: / Vom Himmel kommt es, / Zum Himmel steigt es, / Und wieder nieder / Zur Erde muss es, / Ewig wechselnd. // Strömt von der hohen, / Steilen Felswand / Der reine Strahl, / Dann sträubt er lieblich / In Wolkenwellen / Zum glatten Fels, / Und leicht empfangen, / Wallt er verschleiernd, / Leisrauschend, / Zur Tiefe nieder. // Ragen Klippen / Dem Sturze entgegen, / Schäumt er unmutig / Stufenweise / Zum Abgrund. // Im flachen Bette / Schleicht er das Wiesental hin, / Und in dem glattem See / Weiden ihr Antlitz / Alle Gestirne. // Wind ist der Welle / Lieblicher Buhler; / Wind mischt vom Grund aus / Schäumende Wogen. // Seele des Menschen, / Wie gleichst du dem Wasser! / Schicksal des Menschen, / Wie gleichst du dem Wind!*

Escolho erguido
contra a queda,
espumeja contrariada
progressivamente
para o abismo.

No leito raso
arrasta-se para os prados.
E no mar sereno
contemplam sua face
todas as estrelas.

O vento é da onda
gentil galanteador;
o vento mistura a partir do fundo
vagalhões espumantes.

Alma da pessoa,
como te pareces com a água!
Destino da pessoa,
como te pareces com o vento!

Johann Wolfgang von Goethe

Parte I

Aproximações: o que significa a alma?

Wunibald Müller: Sigmund Freud comparou certa vez a alma a uma "lousa mágica", brinquedo muito apreciado pelas crianças. Pode-se apagar imediatamente e de uma só vez o que nela foi escrito, mas sempre resta alguma coisa quase invisível. Também em nossa alma, assim acha Freud, conservam-se impressões uma vez assimiladas, que foram apagadas por nossa capacidade de esquecer e por isso não mais são conscientes.

De acordo com isso, a alma não seria mais o lugar de coleta das experiências feitas e das impressões obtidas, que, em parte, são de difícil acesso, para nós.

Para mim, esta é uma concepção muito reduzida da alma. Para o psicólogo analítico C.G. Jung, a alma é uma instância curadora que opera em nós por trás dos panos. Ela assume a direção de nossa vida quando falha o nosso eu consciente. Ela constitui uma referência para nosso mundo religioso.

Anselm Grün: C.G. Jung acusa certas escolas de psicologia de serem uma "psicologia sem alma". Ele diz da alma: "A alma como reflexo do mundo e do ser humano é de tal variedade que pode ser olhada e julgada a partir de um sem-número de lados". Ele mesmo o faz ao examinar os nomes que as diversas linguagens deram ao fenômeno da alma. Acha que a palavra alemã para alma, *Seele*, viria do gótico *saiwala*, que significa "movediço, colorido, cintilante". A alma é "força movente, força vital". A palavra grega para alma, *psyche*, pode significar borboleta. Mas também se liga a *psicho*, que significa "soprar, respirar". A palavra latina *anima* vem do grego *anemos*, que quer dizer vento. Portanto, a alma é sempre vista em conexão íntima com respiração. Ela é para muitos povos um corpo respirador invisível.

Wunibald Müller: Eu vinculo à alma também a profundeza. Em cada um de nós há uma profundeza infinda, comparável a um mar, cuja dimensão não conseguimos medir. A palavra alemã *Seele* insinua isto também. Está etimologicamente aparentada com *See*, mar, e tem o significado primitivo de "a que pertence ao mar".

Anselm Grün: Isto pode ser uma indicação de que a alma evidentemente se encontrava no mar antes do nascimento e para lá voltará após a morte.

Wunibald Müller: E este mar eu o divido com o restante da humanidade. Nele se reuniu durante milhares ou milhões de anos, desde que existem os seres humanos, um fundo que nos pertence e que nos vincula ao nosso passado e aos nossos antepassados. "Somos parte de uma memória coletiva a que todos remontamos. Inconscientemente estamos ligados a todos os outros", assim está no livro *Die Seele ist ein Feld*, de Rupert Sheldrake e Matthew Fox.

A ideia de um mar infinitamente profundo em mim, no qual estou ligado de maneira virtualmente profunda com o restante da humanidade, causa-me assombro. Quando fecho os olhos e me deixo embalar por esta ideia, sinto que fico "mais amplo", que, na consciência dessa dimensão, meu fundamento fica mais amplo, se dilata até o incomensurável. Através de meu corpo, são impostos a mim limites bem claros, mas, ao mesmo tempo, estou em contato com algo que vai além daquilo que posso ver, abranger, sentir. Estou em contato com minha alma como profundeza em mim. Ali sinto minha alma.

Jung, em sua compreensão da alma, recorre sempre de novo também a representações mitológicas e religiosas da alma. No capítulo "Introdução à problemática da psicologia religiosa da alquimia", em *Psicologia e alquimia*, vol. XII das Obras Completas, par. 11, diz:

> Assim como o olho corresponde ao sol, a alma corresponde a Deus. E, pelo fato de nossa consciência não ser capaz de apreender a alma, é ridículo falar acerca da mesma em tom condescendente ou depreciativo. O próprio cristão que tem fé não conhece os caminhos secretos de Deus e deve permitir que este decida se quer agir sobre ele a partir de fora, ou, interiormente, através da alma.

Anselm Grün: Olhando para a história das religiões, as ideias de uma alma fundam-se no desejo de êxtase, de crescer para além de si mesmo, no desejo de imortalidade e na experiência de que há ainda outros modos de conhecer e ver do que com a inteligência e a razão.

Na mitologia, a alma é muitas vezes representada como mulher. Não é por acaso que no latim alma significa *anima*, em contrapartida a *animus*, que é coragem, força. Evidentemente a alma era vista como algo delicado e precioso, mas que também devia ser protegido como a mulher, que nos mitos está exposta a inúmeros perigos, constantemente ameaçada por ladrões e tiranos. A mulher ajuda o homem – que muitas vezes só anda fora e se engaja em lutas externas – a entrar novamente em contato com sua alma.

Em conexão com a imagem da mulher, a alma significa: o pensar afinado e delicado, o pensar do coração e não só a argumentação racional e fria. Alma significa fantasia, criatividade, abertura para o divino, impulsos silenciosos, espontaneidade e intuição.

Wunibald Müller: A alma ocupa um amplo espaço no Primeiro e no Segundo Testamentos, portanto no Antigo e no Novo Testamentos. Aprecio muito o Antigo Testamento porque ali a alma e o coração não só são abordados muitas vezes, mas porque sinto a alma nos textos, na leitura ou na oração dos salmos, e ela se sente solicitada. Penso, por exemplo, no início do Sl 63: "Ó Deus, Tu és meu Deus; a ti procuro, minha alma tem sede de ti, todo o meu ser anseia por ti".

Ou quando a amada diz no Cântico dos Cânticos: "O meu amado meteu a mão na fechadura, fazendo-me estremecer em meu íntimo". Então se agita meu íntimo, minha alma. Então se sente tocado o meu desejo de Deus ou da pessoa que amo acima de tudo.

Anselm Grün: Para o Antigo Testamento, a alma é o sopro da vida, a força da vida. Primeiro ela faz do ser humano totalmente um ser humano. A palavra hebraica, que os gregos traduzem pela palavra *psyche*, é *nefesch*. Significa originalmente "goela, garganta, abismo". Por isso, o Antigo Testamento ligava esta palavra a desejo, ambição, ânimo como o lugar das emoções, e/ou com respiração, vida, força vital. A alma representa além do mais, no Antigo Testamento, a abertura do ser humano para Deus. O ser humano é "alma viva", diz Gn 2,7. Ele tem por natureza uma referência a Deus. Esta referência a Deus pode sobreviver à própria morte.

No Novo Testamento, a alma (*psyche*) está muitas vezes em lugar do si-mesmo da pessoa. Hoje, os exegetas traduzem a palavra grega "*psyche*" muitas vezes por "vida". Isto tem uma justificativa determinada. Mas para a vida, a Bíblia tem ainda outras expressões: *zoe, bios*. Por isso seria bem apropriado traduzir novamente a palavra *psyche* por alma.

Em toda fala sobre a alma permanece uma dubiedade. Não é possível definir claramente o conceito. Mas também não há necessidade. É exatamente o reluzente que estimula a pressentir a riqueza da alma humana. Heráclito, um dos filósofos gregos mais antigos, por volta de 500 a.C., diz da alma: "Não a encontraria caminhando os limites da vida (alma), mesmo quem percorresse todos os caminhos".

Wunibald Müller: Enquanto elucidamos os diversos significados que são atribuídos à alma, partimos do fato de que existe uma alma da qual podemos dizer, conforme consta no *Lexikon für Theologie und Kirche* sobre a alma, que ela é "o núcleo existencial, o centro interior de transformação que faz das vivências externas experiências intrínsecas". Ela cria, assim continua o texto, em muitas manifestações individuais de vida, a identidade oculta, integradora, única "em que a pessoa quer tornar-se e que experimenta ao mesmo tempo como tarefa de vida dada por Deus".

Essa é uma concepção de alma que muitas pessoas, entre elas psicólogos e, sobretudo, cientistas ou médicos, não compartilham. Assim respondeu o cirurgião oftalmologista Bruno Reichardt, em 2007, numa entrevista a *Die Zeit*, à pergunta: "Onde está para o senhor a sede da alma?" "Para mim, evidentemente, no cérebro. No coração é que não está, não importa quantas belas histórias, poesias e canções assim o supõem".

Essas reservas quanto à alma não são novas. Já no século XVIII, o filósofo Offroy de La

Mettrie ridiculariza os esforços dos filósofos e teólogos em querer explicar a natureza da alma. Não existiria nada que se pudesse chamar de alma. Um filósofo de nosso tempo, Thomas Metzinger, considera hoje como fúteis os velhos conceitos seculares de "alma" ou falar de "centelha divina": "Digo até mesmo que não existe nenhuma alma, que não existe nenhum elemento substancial."

Acho importante levar a sério o interesse dos cientistas na alma, posicionar-se diante de suas afirmações, mas também não se deixar impressionar demais por elas. Sem considerar que aqui se discute às vezes em planos bem distintos que também não precisam necessariamente coincidir.

Como você vê isto? O que aconteceria se todos os testemunhos da experiência de Deus na alma, que milhões de pessoas durante séculos sentiram como diálogo com o sagrado, fossem examinados "quimicamente" em laboratório? O que o deixa convencido de que a alma existe e de que lhe cabe um significado central em nossa vida?

Anselm Grün: Para mim, a pesquisa do cérebro só consegue descrever a atuação da alma, mas nada afirmar sobre sua natureza ou sobre sua existência. Quando considero todas as afirmações filosóficas e teológicas sobre a alma, acabo não sabendo exatamente o que é a alma. Mas o que chamamos de alma, isto para mim é realidade. Existe uma interioridade da pessoa. Existe o pressentimento interior de que nós somos mais do que este corpo. E para mim existe a riqueza da alma. Quando Agostinho diz que ele não gostaria de saber nada mais do que Deus e a alma, fico comovido. Sinto que algo soa em minha alma. Para mim, a alma diz respeito ao mais íntimo, ao mais profundo, ao mais precioso que tenho. Trata-se de minha pessoa em seu relacionamento com Deus. E disso não me deixo dissuadir por todas as dúvidas racionais que conheço e que levo a sério.

Wunibald Müller: Estou convencido de que todas as afirmações e considerações sobre a alma são meras tentativas de explicar ou descrever algo que não é propriamente palpável, que permanece indescritível e indefinido, por mais esforço que se faça nesse sentido. Não posso agarrar minha alma. Não sei onde "se localiza" em mim. Só sei, e estou convencido disso, sinto, que existe dentro de mim um fundamento profundo que eu chamo de alma.

Mestre Eckhart, em seu sermão sobre a alma, diz: "Um mestre que falou a melhor coisa sobre a alma diz que toda a ciência humana não pode descobrir o que no fundo é a alma. Para saber o que é a alma, haveria necessidade de um conhecimento sobrenatural." Em outras palavras isto significa – assim comenta Matthew Fox esta afirmação – que a alma é inexprimível. "Ela é tão profunda que não se pode esgotá-la – ela é sem fundo."

A alma: promotora
da vida

Anselm Grün: Hoje, a "alma" ganhou para nós um novo acento. Por um lado, a psicologia se ocupou mais profundamente com a psique, com a alma humana, e descobriu muitas perturbações psíquicas. Por outro lado, entendemos hoje por alma a unicidade da pessoa, sua interioridade, uma outra dimensão que não a dimensão do factível.

Quando falamos da alma, referimo-nos à dignidade interior da pessoa, ao seu coração, ao campo interior em que reinam fantasia e criatividade, em que a pessoa ainda sabe sonhar. A alma significa os impulsos interiores que temos. A alma nos eleva acima do mundo cotidiano. Podemos refugiar-nos em nossa alma, se padecermos por causa da insensibilidade da sociedade.

Wunibald Müller: A alma representa o cerne da pessoa, *eros*, coração, núcleo. Quando alguém diz que perdeu sua alma, pode significar que perdeu sua centelha divina, sua chama. Mas alma significa também para nossa compreensão hodierna algo que muitas vezes não conseguimos explicar totalmente, algo misterioso. Devemos voltar mais tarde a todos esses significados e modos de entender a alma.

Em primeiro lugar quero chamar a atenção para a alma como promotora da vitalidade e da criatividade, do encontro de sentido em nossa vida e do aprofundamento de nossa vida. Em nossa alma atua um princípio primordial cuja finalidade é que a pessoa se torne um ser vivo. Sem alma, nossa vida seria sem vida, sem colorido, fria, sem sentido, portanto sem alma.

Harry Moody descreve a alma como "uma propriedade espiritual transcendente no coração de cada pessoa, um potencial que se conhece e se busca desde tempos imemoriais. Sendo este potencial despertado, aquele que procura uma visão mais aberta para os problemas cotidianos e para os erros da vida ganha mais vivacidade, mais alegria e segurança. Sentido e finalidade da vida não mais ficarão no oculto, mas vão aparecer à luz do dia. Este potencial – a alma – só podemos encontrá-lo e despertá-lo em nós mesmos".

Alma é entendida aqui como um potencial que, se nós o utilizarmos, pode contribuir para grande enriquecimento de nossa vida. Depende também de mim se estou disposto a deixar que minha vida e as experiências de minha vida sejam tocadas por minha alma, e assim animá-las. Posso então descobrir a alma na música ou em belas, às vezes também dolorosas, experiências que me tocam. Posso prenunciar minha alma no namoro; no amor a uma outra pessoa posso sentir sua presença e ação.

Se eu quiser viver conscientemente, intensamente, só posso fazê-lo se viver a partir de minha profundeza. Então minha alma participa. Alimentação, sexo, espiritualidade, êxito e descontração fazem parte de nossa vida. Tomados em si, sem referência à nossa alma, não conseguem satisfazer nossos desejos e anseios mais profundos.

Anselm Grün: Pessoas que só vivem superficialmente, que não têm profundidade, que só funcionam, são sem alma. Com elas não é possível entreter-se. Delas emana só frieza. Em contrapartida a elas, falamos de uma pessoa que nós sentimos como tendo alma e dizemos que é "uma alma de pessoa", que é uma "fiel e boa alma", ou que se trata de uma pessoa com "alma divertida". Alguém que não ri apenas exteriormente, mas todo seu ser interior é alegria e leveza. E quando duas pessoas se amam ou se entendem muito bem numa conversa, falamos de "afinidade de almas". Elas têm a impressão que suas almas se aproximam, que têm o mesmo comprimento de onda, que no mais íntimo são de certa forma irmão e irmã, que pensam e sentem de modo semelhante e que os mesmos desejos as satisfazem.

Todos esses modos de falar indicam que entendemos por alma o íntimo da pessoa e sua irradiação. A alma concentra o mistério de uma pessoa. A alma descreve o que uma pessoa pensa e sente e o que acontece em seu interior. O poeta alemão Berthold Heinrich Brockes (inícios do século XVIII) fala da alma como "o cerne de meu ser".

Wunibald Müller: C.G. Jung designa a alma uma vez como : "a coisa viva que sentimos clara ou confusamente como fundamento de nossa consciência, ou como a atmosfera de nossa consciência". É uma descrição apropriada de como vivencio e sinto minha alma: como alma sensível. Há dentro de mim uma força atuante, alguma coisa viva que eu nunca chego a dominar. Meu eu consciente é, em comparação a isso, um companheiro mais lento. Por parte da alma, há necessidade às vezes de grande habilidade para convencer este companheiro lento. A tal ponto que às vezes não sobra para minha alma outra alternativa que enganá-lo. C.G. Jung descreve bem expressivamente esta atenção da alma:

> Vida com alma é ser vivo. A alma é o vivo da pessoa, vivendo por si e produzindo vida. Por isso Deus soprou em Adão um alento vivo, para que vivesse. A alma seduz com astúcia e logro brincalhão a preguiça da matéria que não quer viver. Ela convence de coisas pouco dignas de fé para que a vida seja vivida. Ela é cheia de

armadilhas e ciladas para que o ser humano nelas caia, alcance o chão, lá se enrede e fique preso, a fim de que a vida seja vivida, assim como Eva no paraíso não pôde deixar de convencer Adão da bondade da maçã proibida. Se não fosse a agitação e o cintilar da alma, o ser humano ficaria estagnado em sua maior paixão: a preguiça.

A alma não é algo estático. Não habita simplesmente em mim, não leva uma vida contemplativa e sossegada em mim. Ela é, bem mais, algo vivaz, de vez em quando bem vivo e dinâmico. Ela age no plano de fundo, sem que eu a possa influenciar diretamente. Não posso descrever esta força claramente, muito menos dominá-la. Mas sinto que ela age e age poderosamente, segura as rédeas nas mãos.

Anselm Grün: O fato de a alma não ser algo estático, mas "coisa viva", corresponde também à visão bíblica da alma. A Bíblia designa alma como a vida e a vivacidade da pessoa humana. No Gênesis vem descrito que Deus soprou em Adão o sopro da vida. Para o Antigo Testamento, a alma é o "sopro da vida", a força da vida. Só a alma faz do ser humano totalmente um ser humano.

Wunibald Müller: A alma como vida, a vida como alma. A alma como promotora da vida. E nisso não descuida de nada, a fim de nos manter com vida. Ela ousa muita coisa para conseguir isso e não recua diante de truques e ciladas, a fim de que sejam despertadas em nós as forças necessárias para viver e configurar nossa vida com muito sentido e riqueza.

Num caso, apresenta-se nossa alma quando nos enamoramos, quando, no encontro com outra pessoa, algo é despertado em nós que gostaria de arrancar-nos de nós mesmos porque nunca lhe foi dada uma oportunidade para tal antes. Em outro caso, a alma nos mergulha numa crise, leva-nos a fazer algo que nos pode conduzir a uma aflição interior e exterior, a fim de que através dela sejamos acordados para parar e pensar aonde estamos indo, o quanto estamos possivelmente de acordo em estagnar.

Anselm Grün: Minha experiência no acompanhamento espiritual mostra que deveríamos ficar agradecidos quando a alma pede a palavra. Mas a alma não pede a palavra apenas em pensamentos piedosos, muitas vezes ela o faz numa doença. A depressão é frequentemente um grito de socorro da alma contra o desenraizamento de nossa vida. Se eu tiver perdido as raízes que dão força e seiva à minha árvore da vida, seco interiormente. Muitas vezes nem percebo que estou cortado de minhas raízes. Aí a alma pede a palavra na forma de uma depressão.

Muitas pessoas querem livrar-se o mais rápido possível da depressão, eliminando-a através de remédios ou de práticas terapêuticas comportamentais. Mas devo primeiro ouvir o que diz minha alma. A alma quer me dizer alguma coisa através da depressão. Também quer me dizer algo através de meu medo, de meu ciúme, de minha contrariedade. A alma toma sempre a palavra quando reajo com melindre exagerado, quando estou cansado, mal-humorado. Neste caso é bom ouvir a alma.

Às vezes a alma me conduz também a situações que para mim são desagradáveis: sofro, por exemplo, um acidente. Ou cometo um erro profissional que não me posso perdoar e que me leva, inclusive, a abandonar meu emprego. Muitas vezes a alma toma a palavra exatamente nestes escorregões. Ela me diz que aqui não estou no lugar certo. Ou me chama a atenção para o fato de primeiro ter de trabalhar em mim mesmo, antes de voltar ao exercício profissional. Devo mudar minha atitude para com a vida e para com o trabalho. Só então posso entregar-me outra vez totalmente aos meus afazeres.

A alma toma a palavra sempre de novo. Mas muitas vezes somos surdos, não a escutamos. Queremos combater os sintomas ao invés de escutar aquilo que a alma gostaria de nos dizer. Em vez de aborrecer-me com o fato de a alma me dar uma rasteira, deveria ser grato e parar para pensar. Foi por pouco! Se a alma não tivesse me dado a rasteira, eu teria prosseguido e talvez corrido para a morte. Mas a alma interveio e deteve minha corrida a fim de que eu obtivesse clareza sobre meu caminho e abastecer-me de nova força para poder continuar com prudência.

Wunibald Müller: É também nesta perspectiva que entendo a proposta de C.G. Jung. Acha ele que, quando estamos depressivos, devemos imaginar a depressão como uma senhora vestida de preto. Em vez de enxotá-la, recomenda que a convidemos para a mesa e nos entretenhamos com ela, para saber o que ela nos gostaria de dizer. Pois na depressão a alma pede a palavra, e nós faremos bem em deixá-la falar para aprender alguma coisa sobre o nosso estado anímico. Aí pode tratar-se de importantes intuições e conhecimentos sobre nós e nossa vida, sobre o que nos move no momento atual, o que se apresenta possivelmente como transformação e mudança em nossa vida.

Muitas pessoas sofrem porque não encontram nenhum sentido em sua vida ou porque sentem um grande vazio dentro de si. Na alma está à nossa disposição uma testemunha, uma espécie de instância que registra e chama a atenção de que algo decisivo se processa em nós. Ela observa, mais do que conseguem nossos sentidos ou nossos olhos, tudo o que nos interessa de essencial. Ela não fica parada no exterior, em nosso ego. A ela interessa o que nos alimenta no mais profundo, o que nos é necessário no mais profundo.

Faremos bem em ouvir a alma, levá-la a sério e deixar-nos inspirar e animar por ela. Se não a ouvirmos, se acreditarmos que podemos deixá-la de fora, ela não se agradará disso. Vai atrever-se a algo a fim de chamar a atenção sobre si, para que tomemos a peito seus desejos. A um vai levar à depressão, a outro dará uma rasteira, a fim de fazer alguma bobagem que o force a acordar, refletir e principalmente lembrar-se de sua alma.

Alma e consciência

Wunibald Müller: Na alma dispomos de uma força preciosa que se preocupa para que não fiquemos entorpecidos, que não estejamos mortos ainda em vida, mas que permaneçamos criativos e curiosos, ousemos coisas novas, ultrapassemos limites, que nos levantemos se tivermos caído e que nunca entreguemos os pontos, mesmo quando tudo parecer inútil. Isto significa que nossa vida deve ser emocionante e digna de ser vivida até o fim, deve ser realmente *nossa* vida, então nossa alma precisa manifestar-se em nossa vida e assumir o comando.

Se eu me entregar ao comando de minha alma, isto pode trazer-me conflitos com as estruturas e normas sociais estabelecidas. Minha alma não toma conhecimento desses limites. Ela não se curva aos ditames de um imperador ou ao decreto de um papa. Mas somos parte de uma sociedade, pertencemos talvez a uma Igreja e precisamos respeitar isto e aquilo. Isto torna necessário que entremos em diálogo, em discussão, com nossa alma e, às vezes, engajar-nos também numa luta com ela. Não podemos mudar tudo a que a alma nos força.

Também conheço situações em que simplesmente confio em minha alma e a ela me entrego. Digo à minha alma: "Você tem que assumir agora o comando. Não sei mais ir adiante." Confio nesse momento, sem "se" e sem "mas", nos movimentos de minha alma, até deixar totalmente entregue a ela para onde me quiser levar. Sei e já experimentei que ela me pode conduzir a caminhos que nunca imaginei, que são incomuns, que ultrapassam o usual. E pode levar-me a caminhos que me colocam em conflito com aquilo que vigora como norma.

Aqui eu me pergunto: Quais são os critérios que me ajudam a descobrir onde se manifesta realmente minha alma nesse sentimento, nesse impulso, nesse propósito? Onde assento minhas concepções e meus propósitos por vezes tão interesseiros? Como *você* vê isto? Que critérios podem existir que me ajudem a descobrir se aquilo que sinto em mim como forte impulso vem realmente da alma?

Anselm Grün: Em tudo o que você descreveu, a alma pode pedir a palavra. Ela nos adverte que não nos desenvolvemos na rotina. Ela nos põe em contato com a imagem primordial que Deus fez de nós para si. Sempre que reprimimos esta imagem primordial para satisfazer as exigências do dia a dia, a alma nos adverte a viver autenticamente, a abrir o acesso a coisas novas em nós.

Os monges primitivos nos dão um critério certo para distinguir se é realmente a alma que pede a palavra ou se são apenas nossos caprichos que nos confundem. Critério importante é o controle da realidade. A alma me conduz realmente à vida, a uma boa relação com as pessoas e a uma ação fecunda para fora? A alma transgride com certeza também normas que me são impostas de fora. Mas devo distinguir claramente se a alma me conduz à liberdade ou se apenas me revolto contra normas para chamar a atenção sobre *mim*.

C.G. Jung distingue sempre se nós nos deixamos estimular e levar ao nosso verdadeiro si-mesmo ou se nos identificamos com uma imagem arquetípica. Se nos identificamos com imagens arquetípicas, ficamos cegos para nossas próprias necessidades de poder, de proximidade, de ternura.

A alma pode mostrar-me, por exemplo, que preciso sair de minha atividade meramente administrativa e voltar-me mais para as pessoas. Mas preciso auscultar com exatidão se isto nasce realmente de minha natureza mais profunda, ou se monto apenas algumas ilusões como, por exemplo, a ilusão de ser um habilidoso curador ou salvador, que ninguém sabe indicar o caminho certo melhor do que eu.

Serei sempre prudente se os impulsos da alma forem usados para acabar com as fantasias de grandeza. Por isso é importante prestar atenção aos impulsos da alma e encarar com exatidão também a realidade da vida. Os sonhos podem ser uma grande ajuda nisso, para distinguir se o impulso conduz à vida ou, antes, à fuga de minha medianidade que, apesar de toda minha qualidade de ser único, também faz parte de mim.

Wunibald Müller: Minha alma, via de regra, não me diz diretamente: "Faça isto ou aquilo!" Ela "me mistura", me torna confuso. Quer chamar minha atenção para o fato de que algo não está bem, de que em algum lugar tem que haver uma abertura, um alargamento. Assim, pode um homem casado enamorar-se de outra mulher porque sente no encontro com ela que algo é desperto nele, que em seus momentos há vida em repouso. A alma que se manifesta no enamoramento não quer dizer necessariamente: "Você tem de abandonar agora sua esposa e voltar-se para a pessoa da qual se enamorou." Antes, a alma deseja despertar em mim um desejo que deve motivar-me e animar-me a trazer para a vida algo que não vive em mim, e que, no entanto, se agita dentro de mim.

Às vezes pode isto significar travar novos relacionamentos. Mas muitas vezes pode significar também simplesmente reavivar o relacionamento existente. É colocar novamente em movimento aquilo que se estagnou e morreu pela rotina e pelo dia a dia. Pode também ser um impulso para admitir dentro de si algo novo, ainda não vivido, voltar-se para empreendimentos e coisas que fogem da rotina e do cotidiano; tomar-se tempo para experiências que transmitem algo daquela magia que, segundo Hermann Hesse, é inerente a todo começo; deixar que aflore em mim mais o lado romântico que foi prejudicado provavelmente por atividade em excesso e relacionadas exclusivamente com coisas materiais. Ou manifesta-se no enamoramento também meu desejo da experiência do *tremendum et fascinosum*, a experiência do numinoso e santo.

Vou assumir sempre de novo compromissos. Mas isto não deve me levar tão longe a ponto de vender minha alma, que não se reconheça mais nada de minha alma naquilo que penso, faço e de que tenho convicção. Neste caso serei um morto em vida, estarei privado de alma, desalmado.

Vejo aqui também uma relação com a consciência. Posso confiar na alma tão somente? Ou não deve haver uma instância adicional como a consciência? A aspiração da alma é o que há de mais íntimo em mim? Minha consciência fala realmente em minha alma e através de minha alma? Aquilo que ali percebo é mais importante do que aquilo que me é ditado de fora, aquilo que me é apresentado como norma por assim dizer?

Anselm Grün: Certamente a consciência tem a ver com a alma. Os gregos, quando se referem à consciência, falam de *syneidesis* (conhecimento íntimo), e os latinos falam de *conscientia*. A questão é como entender este conceito. É um saber interior, um "consaber". A alma conhece ainda outra coisa sobre o saber de qualquer modo já disponível. Nas línguas românicas, *conscientia* significa também "consciência psicológica". Nós temos consciência das coisas que fazemos. Sêneca entende a consciência como o saber a respeito de processos interiores, em última análise, a respeito dos processos da alma.

A Bíblia vê na consciência a relação da alma com Deus. Nesta relação, a alma sente o que para ela serve ou não. Os Padres da Igreja vinculam a compreensão bíblica de consciência com a interpretação da filosofia grega. Para Clemente de Alexandria, a *syneidesis* significa a consciência da pessoa, seu interior, seu cerne pessoal e ao mesmo tempo a voz de Deus em sua alma. E, finalmente, a teologia católica designa a consciência como a norma suprema.

Wunibald Müller: "A consciência é o núcleo secretíssimo e o sacrário do ser humano onde ele está sozinho com Deus e onde ressoa a voz de Deus", assim diz a *Gaudium et Spes*, do Concílio Vaticano II, n. 16. E no *Lexikon für Theologie und Kirche* se lê: "A alma é o núcleo pessoal e existencial". Alma e consciência (moral) estão portanto numa relação íntima com nosso núcleo pessoal. Elas são parte desse núcleo, atuam nele e através dele. E por isso também a consciência não é nenhuma coisa estática. Ela é animada e precisa ser animada pela alma, ou, poderíamos inclusive dizer aqui, pelo Espírito Santo. Como é exigida incondicionalmente tal dinâmica da consciência torna claro C.G. Jung, quando diz:

> Sem que queiramos, nós, seres humanos, somos colocados em situações nas quais Deus deixa a nosso critério como sair delas. Às vezes mostra-se um caminho bem nítido com sua ajuda, mas quando está para acontecer tem-se a impressão de que fomos abandonados por todos os bons espíritos [...] num momento desses, estamos como que diante da morte, confrontados com a nudez daquele fato. [...] Então a pessoa não pode fazer outra coi-

sa do que tomar uma atitude diante de si mesma. É a situação na qual é desafiada a reagir como um *todo*. Pode acontecer também que já não consiga ater-se às prescrições de uma lei moral estabelecida. Começa talvez então sua ética bem pessoal: no confronto sério com o Absoluto, a adoção de um caminho condenado pelas prescrições morais costumeiras e pelos guardiães da lei. Contudo, a pessoa sente que nunca foi tão fiel ao seu ser e vocação mais íntimos e, com isso, ao Absoluto, porque só ela e o Onisciente veem a situação concreta a partir de dentro, enquanto os julgadores e condenadores só a veem de fora.

Isto pode tornar-se um grande desafio para todo aquele que toma as normas como absolutas.

Anselm Grün: Nós temos de levar em consideração as normas dadas de fora. Mas o decisivo é sempre o que nos diz a consciência, o que nós julgamos certo no fundo de nossa alma. Quanto mais profundamente entrarmos em nossa alma, tanto mais claro se torna para nós no chão de nossa alma, lá onde existe o puro silêncio, o que é bom para nós. E devemos seguir esta voz interior. Esta voz nos torna por vezes solitários, porque não conseguimos justificar, muitas vezes para fora, por que trilhamos este caminho. Mas também nos torna livres. A consciência não é nenhuma norma trazida de fora, mas o lugar onde Deus fala à nossa alma.

Wunibald Müller: Santa Teresa d'Ávila compara, em seu livro sobre o castelo interior, a alma com um castelo cujos aposentos nossas disposições conscientes e inconscientes habitam como inquilinos. No quarto com a porta para fora, o eu regulamenta a relação com o mundo exterior. Na sala do trono, o centro do castelo da alma, está sentado, num trono, o conselheiro secreto. Ele representa o núcleo pessoal. Seu empenho visa orientar todos os inquilinos na casa interior para colocá-los a seu serviço. Isto poderia ser também uma imagem do quanto se aceitam e encontram no núcleo pessoal consciência e alma e a partir daí agem em conjunto.

A pessoa animada
(cheia de alma)

Anselm Grün: Existem muitas palavras compostas com alma. Falamos, por exemplo, de pessoa com nobreza de alma, com grandeza de alma. Queremos dizer com isso que a pessoa tem sentimentos nobres, que tem uma grandeza interior tanto no que se refere a seu pensar quanto a seu agir, como também sua presteza de esquecer a si mesma e voltar-se aos outros.

A linguagem conhece a palavra paz da alma. Significa uma pessoa com muita paz interior, que irradia serenidade. A paz não é sobreposta à pessoa. Não vem de uma disposição externa, mas da alma, do coração. A pessoa toda é paz. De outras pessoas, tem-se a impressão de serem barulhentas e superficiais.

Wunibald Müller: Para mim, isto tem muito a ver com presença e estar vigilante. Conheço pessoas que, na maneira de estarem presentes, tornam-se expressão de sua alma. A pessoa está realmente aqui. Vive no momento atual – num curto encontro, como celebrante de um culto divino, como médico perto da cama de um doente. A gente consegue sentir sua alma. Ela transparece na pessoa. Essas pessoas estão em contato com sua alma.

Para entrar em contato com a alma, as "paredes divisórias", que estão entre o exterior e o interior, precisam ser translúcidas, tornar-se transparentes.

C.G. Jung descreve este processo diante do pano de fundo de suas próprias experiências:

> A diferença entre a maioria das outras pessoas e eu está que em mim as "paredes divisórias" são transparentes. É minha característica peculiar. Em outras pessoas, essas paredes são muitas vezes tão grossas que nada veem através delas e por isso acham que também nada há atrás delas. Eu percebo de alguma forma os processos do pano de fundo e por isso

tenho a certeza interior. Quem nada vê também não tem nenhuma certeza e não pode tirar conclusões, ou não confia nas próprias conclusões. Não sei o que provocou o fato de eu poder perceber o fluxo da vida.

Só posso perceber o fluxo da vida com a ajuda de minha alma. Quando estou em contato com ela, posso pressentir o mundo do pano de fundo, do inconsciente. A alma é o "instrumento" cuja ajuda me faz obter um sentimento, uma sensação, um pressentimento dos processos do pano de fundo.

C.G. Jung distingue aqui entre pessoa n. 1 e pessoa n. 2. A pessoa n. 1 representa a pessoa exterior, que segue uma carreira, tem talvez uma família e tenta encontrar seu lugar na sociedade. A pessoa n. 2 é a pessoa interior, que olha para dentro de si, que vive a partir do interior e interiormente. É a pessoa que está em contato com o inconsciente, com sua profundeza, com a alma.

C.G. Jung descreve o mundo da pessoa n. 2 como uma área em que aquele que entra fica transformado. Profundamente impressionado pela contemplação do todo e esquecendo-se de si mesmo, só consegue admirar-se e extasiar-se. Aqui vira "o outro", que conhece Deus como um mistério oculto, pessoal e ao mesmo tempo suprapessoal. Aqui nada separa a pessoa de Deus. Sim, é como se o espírito humano olhasse para a criação juntamente com Deus.

Anselm Grün: O que Jung expressa com a pessoa n. 1 e n. 2, Paulo o descreveu na Segunda Epístola aos Coríntios com a imagem do ser humano exterior e interior. "Ainda que o ser humano exterior se decomponha em nós, o ser humano interior se renova dia a dia" (2Cor 4,16).

O ser humano exterior é consumido pelos conflitos do dia a dia, pela doença, pelo sofrimento e pela necessidade. Ao passo que, no ser humano interior, o campo da alma se renova. Exatamente quando se quebra o exterior somos forçados a nos abrir para o interior, para a nossa alma. Pelo sofrimento é quebrada a couraça que construímos ao redor de nós mesmos. E assim estamos em contato com nossa alma. Apesar de todos os perigos e hostilidades, este modo de ver ajudou Paulo a não desanimar. O ser consumido era para ele o caminho de chegada ao interior, de entrar em contato com sua alma, onde encontra Cristo, o crucificado.

Wunibald Müller: Se estivermos em contato com nossa alma, sentiremos o desejo de entrar em contato com o ilimitado, o infinito, o eterno. Entramos em contato com esta pessoa interior através de experiências com limites em nossa vida, através de experiências da noite escura da alma, quando tudo que até aqui nos deu suporte desmorona. Também entramos em contato com nossa pessoa interior através da concentração e meditação. A pessoa interior acorda no encontro com a natureza, no contemplar do céu estrelado, num passeio pelo mato, no olhar para uma cascata, no escutar do marulho do mar, na admirável elevação de uma região montanhosa.

Anselm Grün: Cada um tem seu caminho para entrar em contato com a pessoa interior, com sua alma. Para mim pessoalmente é, por um lado, a natureza. Quando caminho por nossa alameda do riacho, sinto não só a vitalidade da natureza, mas também minha alma. Posso respirar. Minha alma é revigorada. Ela sente na criação a força vital que também flui nela.

Outro caminho é para mim o silêncio. Ali se abre o que diz o salmista: "Só para Deus fica em silêncio minha alma". Também a música é para mim um lugar em que revive minha alma. Quando eu me tomo tempo e ouço uma cantata de Bach, deixando a música cair na minha alma, então esta começa a vibrar. Ela se torna viva. Também na leitura entro em contato com minha alma. Ali falam a mim palavras que penetram em minha alma. As palavras me levam ao contato com experiências próprias ou com disposições psicológicas de minha alma. Sinto, assim, minha alma na leitura e sou grato a ela.

Wunibald Müller: Outras pessoas reservam um dia por mês para silêncio e reflexão. Mantêm distância de qualquer atividade, não fazem nada. Não existe naquele dia telefone nem fax, nenhum escrever ou trabalhar em algum projeto. Essa prática ajuda-as a abrir-se para o mistério de sua alma. Não querem separar sua alma da vida cotidiana, ou reservá-la para o domingo, mas ouvir a cada momento do dia sua alma, que entendem como sendo sua orientadora interior.

Para poder entrar em contato com minha alma, o pressuposto é entrar em contato com minha pessoa interior. Aqui preciso decidir se minha atenção vale exclusivamente para minha vida externa, por exemplo, qual a minha aparência, se atinjo esses ou aqueles objetivos, o que os outros pensam de mim e quanto ganho. Ou se dedico minha atenção também ao meu mundo interior, ao mundo que me liga à minha alma. Posso ocupar-me tanto com as coisas externas, a ponto de negligenciar minha vida interior e sentir um vazio interior.

Importa sempre de novo entrar em contato com a esfera mais profunda, com a esfera de minha alma. Esta esfera está por trás de meus pensamentos e por trás também de meus sentimentos, dela brotam tranquilidade e autoconfiança. Sobre essa esfera, que ele agrega à alma, escreve Marco Aurélio: "As coisas em si não afetam de forma nenhuma a alma, nem possuem acesso à alma e nem podem modificá-la ou movê-la. Só os juízos de valor que a alma emite marcam a natureza das coisas que vêm de fora para ela".

Anselm Grün: Na concepção estoica, que Marco Aurélio apresenta, há algo de fascinante. Em nosso cerne mais profundo, estamos livres da influência de fora. Existe em nós a esfera da alma na qual não podem penetrar as coisas. Lá ninguém nos pode fazer mal. Isto Jesus quis dizer também quando falou aos discípulos que ele envia ao mundo: "Não tenhais medo dos que matam o corpo, mas não podem matar a alma" (Mt 10,28). Sendo a esfera mais interior da pessoa, a alma não pode ser ferida pelas pessoas. Ela é a vida que vem de Deus e que não pode ser prejudicada pelas pessoas.

A alma significa aqui a esfera interior da pessoa na qual está livre do mundo. Lá não nos afeta o fato de termos dinheiro ou não, se estamos com saúde ou não. A relação com o mundo acontece no juízo que a alma emite sobre as coisas. Quando o dinheiro é importante para mim, quando eu o entendo como condição de minha felicidade, então importa muito se perdi minha carteira ou quando me falta dinheiro. Mas bem no fundo de minha alma há uma área que não é atingida por isso. Isto é que constitui para a filosofia estoica a dignidade do ser humano. A alma é o lugar onde mora o *autós*, o santuário interior da pessoa, sobre o qual o mundo não tem nenhum poder.

Devemos deixar atuar sobre nós a afirmação da filosofia estoica. Então ela nos põe em contato com o espaço interior da alma ao qual o mundo não tem acesso. Mas devemos saber também que uma frase só não exprime a verdade toda. Por outro lado, o mundo nos afeta e deve afetar-nos de verdade. Esta é a mensagem de Jesus, que não se retraiu sobre sua alma, mas dedicou-se de *corpo* e *alma* às pessoas e suas necessidades, e pagou com a vida esta dedicação.

A alma como universo
em nós

Wunibald Müller: O espaço em nós, como área de nossa alma, Novalis o descreve com as palavras:

> Sonhamos com viagens pelo mundo todo! Mas o universo não está em nós? As profundezas de nosso espírito nós não as conhecemos. Para dentro vai o caminho misterioso. Em nós ou em parte nenhuma está a eternidade com seus mundos, o passado e o futuro.

C.G. Jung escreve sobre a alma o que, de certa forma, lembra a descrição de Novalis:

> Só posso quedar-me em profunda admiração e respeito e contemplar o abismo e a altura da natureza da alma, cujo mundo inespacial abriga uma quantidade incomensurável de imagens que milhões

de anos de desenvolvimento vivo acumularam e organicamente condensaram. Minha consciência é como um olho que percebe os espaços mais distantes, mas cujo não eu psíquico é aquilo que preenche este espaço inespacialmente. [...] Além desta impressão, gostaria de colocar ainda só o aspecto do céu estrelado; pois o equivalente do mundo interno é só o mundo externo, e como alcanço este mundo por meio do corpo, atinjo aquele mundo por meio da alma.

Que tipo de riqueza interior é aqui indicada por C.G. Jung? Uma riqueza da qual posso me alimentar. Uma riqueza que me ficaria oculta, se eu fechasse a ela o acesso que minha alma proporciona.

Anselm Grün: Também eu percebo que, quanto mais velho fico, mais se abre para mim a riqueza que está em minha alma. Quando entro em mim e escuto minha alma, não afloram apenas lembranças biográficas, mas também as muitas imagens que assumi dentro de mim: imagens de paisagens maravilhosas, imagens de artistas que me tocaram e imagens internas que se formam em minha alma.

Vem-me à mente então o que Jesus quis dizer quando falou do tesouro no campo ou da pedra preciosa. Existe na pessoa um desejo de construir fortuna. Mas ao mesmo tempo percebe que a posse de bens materiais pode obsessionar. O desejo que está na busca da riqueza é em última análise o desejo de encontrar sossego, de escapar da luta pela vida. Contudo, a riqueza material-externa não leva ao sossego; ao contrário, torna-nos inquietos. Temos medo de perdê-la novamente. A verdadeira riqueza está dentro de nós, em nossa alma. É a isto que Jesus se refere quando nos diz: "Arranjai para vós um tesouro inesgotável nos céus, onde o ladrão não chega nem a traça o corrói, porque onde estiver vosso tesouro, aí estará também vosso coração" (Lc 12,33s.). Se encontrarmos a riqueza em nossa alma, então também nosso coração vai tornar-se um com nossa alma. Então não nos afligiremos com a preocupação de que nosso tesouro possa diminuir.

A riqueza da alma são as lembranças que guardamos em nós. Mas são também as imagens interiores que brotam de nossa alma. E é, em última análise, o próprio Deus que mora em nós. Em nós está o céu. E se nosso tesouro estiver no céu, nenhuma pessoa poderá roubá-lo de nós. Encontraremos então verdadeiro sossego e felicidade. Quem está em contato com sua alma é afortunado e feliz.

Wunibald Müller: A felicidade é um canto suave da alma, diz Zenta Maurina. Esta felicidade nós a podemos experimentar quando mergulhamos profundamente em nós, para lá procurar, por exemplo, o templo de nossas recordações. Em nossa alma encontramos o lugar onde continuam a viver nossas recordações. O que aconteceu de mudanças e transformações em nossa vida, lá está guardado e armazenado. Enquanto nosso corpo decai sempre mais, a alma fica mais rica, mais profunda e mais forte. Oscar Wilde diz da alma: "A alma chega velha ao mundo, mas cresce e fica jovem. Esta é a comédia da vida. O corpo chega novo ao mundo e fica velho. Esta é a tragédia de nossa existência".

Com o avançar da idade, talvez, e que assim seja, tomamos mais tempo para mergulhar em nossa alma e visitar o templo das recordações. Podemos então, segundo o recém-falecido escritor e filósofo John O'Donohue, tentar reunir numa coesão significativa os muitos fragmentos de que se compõe nossa vida. Podemos terminar um trabalho, aperfeiçoá-lo, para o que nos faltou tempo até agora. Disso pode nascer para nós satisfação, estímulo, um sentimento de felicidade e bem-estar.

Wunibald Müller: Enquanto nossa vida exterior conhece um ontem, um hoje e um amanhã, a alma é o lugar onde mora e vive a eternidade. Deus colocou a eternidade em nosso coração, diz o pregador Coélet, no livro do Eclesiastes.

Infinito, eternidade poderiam também estar no lugar de alma. O decisivo é se eu parto do pressuposto de que existe este infinito, ou, como se expressou certa vez uma menina, "um pedaço de Deus" em nós, ou se parto do pressuposto de que em nós não há nada. No poema *Selbstbefragung*, escreve a respeito disso o poeta Robert Gernhardt: "Eu ouço meu interior. Em mim precisa haver algo. Só escuto um 'cocoricó' e um 'quiquiriqui'.

Em mim não há realmente nada". Talvez sejam esses "cocoricós" e "quiquiriquis" que eu percebo como movimentos da alma. Talvez às vezes não haja mais nada. Mas estou convencido de que existe em nós a alma da qual Heráclito diz: "Não encontraria a caminho os limites da vida (alma), mesmo quem percorresse todos os caminhos, tão profundo é o logos que possui".

C.G. Jung acha que a questão decisiva de nossa vida é se estou referido ao infinito, ao ilimitado ou não. Mas como posso referir-me ao ilimitado sem a alma? É a alma que me ajuda a entrar em contato com o ilimitado, o infinito.

Anselm Grün: Quando reflito sobre a alma, preocupo-me menos com sua natureza do que com sua tarefa. E a tarefa eu a vejo em que, como pessoa, estou referido a Deus, ou ao ilimitado como Jung o chama. Não posso falar de minha alma sem refletir sobre minha relação com Deus. Minha alma é o estar referido a Deus. Nela estou aberto para Deus, para o Deus que me criou, mas também para o Deus que está dentro de mim.

Wunibald Müller: O contato com nosso espaço interior, o cuidado desse espaço, toda a vida nesse espaço interior não é menos importante do que o cuidado e a formação do espaço exterior e de minha vida no mundo externo. Minha permanência no meu espaço interior me transforma – transforma-me a tal ponto que posso fazer a experiência de estar ligado, em meio à vida externa, ao ilimitado, à eternidade, ao campo para além da parede divisória.

Não é fascinante fazer já agora a experiência de estar ligado, em meio à vida, ao ilimitado, ao eterno, de ser parte do eterno? Posso pressentir e sentir já agora algo da qualidade do eterno em minha vida presente. Isto devo à minha alma. Ela me possibilita fazer esta experiência.

Disso provém uma firmeza inacreditavelmente grande, uma tranquilidade, uma força e uma segurança que não são superadas por nada. Nasce daí um modo de ver a vida e o sentido da vida totalmente novo. C.G. Jung escreve em suas *Memórias* sobre esta experiência:

> Quando a gente entende e percebe que já está ligado nesta vida ao ilimitado, mudam-se desejos e atitudes. Em última aná-

lise a gente só vale alguma coisa por causa do essencial; quando não se tem isso, a vida está desperdiçada. Também na relação com outra pessoa é decisivo se o ilimitado se manifesta nela ou não.

Na relação com nosso mundo próprio, com nosso mundo compartilhado e com nosso meio ambiente é decisivo se neles se manifesta o ilimitado ou não. Como pessoa religiosa, não está distante para mim, a partir daqui, o passo para a experiência de estar ligado a Deus em meio à vida. Se estiver em contato com minha profundidade, se me confiar à minha profundidade, chego ao campo de influência de minha alma, serei absorvido por ela. Leva-me à experiência de estar unido já agora ao ilimitado, a Deus.

Anselm Grün: A ocupação com os livros de Jung ajudou-me a confiar em minha alma. Minha alma me diz que há em mim algo que ultrapassa este mundo, que avança para o âmbito do divino. E o âmbito do divino é para mim em última análise o ilimitado, que ultrapassa todos os limites humanos. Deus penetra o mundo inteiro. Mas Deus é também o criador, que sobrepassa este mundo, que está no mundo, mas que está também além do mundo, que o transcende.

Também minha alma transcende este mundo. Ela se eleva para dentro de Deus. A oração é para mim um caminho importante de entrar em contato com minha alma e nela pressentir Cristo que ela retrata. Entendo então o que C.G. Jung quer dizer quando fala de Cristo como o arquétipo do si-mesmo. Cristo não é só o rabino judeu que viveu há dois mil anos, não só o Filho de Deus, o homem no qual Deus mesmo se revelou de maneira única e inigualável. Ele está igualmente em mim. Ele é o molde mais interior que me configura. Em minha alma participo dele, daquilo que ele encarna e constitui. Em minha alma participo de seu espírito que também me configura no mais íntimo.

Wunibald Müller: C.G. Jung fala aqui de alma do mundo. Segundo sua proposição, a alma não vive só em nós, seres humanos, mas nós somos parte da alma do mundo. Fazemos a experiência de ser parte de algo maior, sentir-nos unidos ao ilimitado. Muitas pessoas perderam o sentimento de estarem ligadas a algo maior e de uma maneira profunda. Já não estão em contato com sua alma.

Quem nos transmite o sentimento de estarmos ligados a algo maior é nossa alma. Só em contato com ela podemos, através dela, pressentir ou sentir essa ligação com o restante da humanidade e com o algo maior. Diz-se dos golfinhos que eles podem fazer contato entre si na água a milhares de quilômetros de distância. Assim que sobem à superfície, desaparece esta capacidade.

Isto significa: quando estamos em contato com nossa camada profunda – por exemplo, em nossos sonhos – estamos em condições de sentir-nos ligados ao restante da humanidade, com o existente na atualidade e no passado e com o algo maior. A comemoração do Dia de Finados pode conscientizar-nos de que estou ligado com toda a humanidade, com a passada e a presente, que sou parte da corrente eterna.

Assim que abandonamos o âmbito da camada profunda, desaparece esta capacidade. Já não estamos mais em contato com nossa alma. Esta experiência profunda de ligação não pode ser substituída por contatos externos na vida momentânea, seja por encontros, cartas ou telefonemas. São contatos que ficam na superfície.

Anselm Grün: Apesar de a alma estar ligada ao corpo, ela o transcende. Ela tem parte em tudo o que existe. Tomás de Aquino acha que a alma é *quodam modo omnia*, de algum modo tudo. Esta experiência podemos fazê-la no sonho. Ali temos parte na história da humanidade. Às vezes sonhamos com tempos passados há muitos anos. A alma armazena dentro de si as histórias da humanidade. Sonhamos também com pessoas que estão muito distantes. O sonho nos diz como elas estão.

Uma senhora visitou, após muito tempo, seu filho que havia comprado uma casa nova. Quando viu a casa, teve a impressão de já tê-la visto exatamente assim no sonho. A alma não se deixa prender no tempo e no espaço. Ela ultrapassa tempo e espaço. Um missionário contou que na morte de seu irmão, que estava a mais de quinhentos quilômetros de distância, de repente – sem interferência de ninguém – caiu durante a noite a mala de cima de seu armário. Soube então que seu irmão havia falecido.

A alma sente a ligação com pessoas amadas por cima de longas distâncias. E, em última análise, a alma não sente apenas a ligação com as pessoas, mas com toda a humanidade, com o cosmo como um todo e, finalmente, com Deus que penetra todo o universo. A alma sabe que está no mais íntimo ligada a Deus, o fundamento primitivo de todo ser.

Wunibald Müller: A busca atual de espiritualidade palpável também fora do âmbito eclesial deve ser atribuída a esta aparentemente perdida ligação sensível com o restante da humanidade e com um algo maior. É uma procura pela alma que se perdeu. Muitas dificuldades que experimentamos, pessoais e sociais, devem ser atribuídas a esta perda. Em seu lugar vieram o vazio, o sentimento de não pertencer corretamente a lugar nenhum e a falta de sentido. Ou a perda se mostra como sintoma em ideias fixas, vícios, violência e fatalismo.

Anselm Grün: Em nosso mundo desalmado, é urgentemente necessário que entremos novamente em contato com nossa alma. E surgiria um novo relacionamento mútuo se déssemos mais espaço à alma em nós, se confiássemos mais nas moções da alma. Para nosso caminho espiritual é indispensável que façamos nossa descoberta de nossa alma. Pois, como diz Gregório de Nissa, Deus desejaria nascer na alma humana. E Mestre Eckhart fala do chão da alma, onde se realiza o nascimento de Deus e que nos leva ao nosso si-mesmo intocável e autêntico, à imagem pura de Deus.

Caminhos para a alma

Wunibald Müller: Nossa alma pode apresentar-se a nós como um tu. Este tu acompanha-nos como um anjo da guarda a vida toda. É importante estabelecer um relacionamento com nossa alma, assim como cultivamos um relacionamento com outra pessoa que nos é importante. Uma possibilidade de fazer contato é através dos sonhos. Neles mostra-se nossa alma. Pelo esforço que fazemos de querer lembrar-nos de nossos sonhos, sinalizamos à nossa alma que queremos ouvir o que ela nos gostaria de dizer e que em seus comunicados vemos mensagens cujo atendimento e consideração são de grande importância para nós. O exame posterior e a lembrança de nossos sonhos nos colocam em contato com nossa alma. Os sonhos empurram para o lado, por assim dizer, o que nos impede de entrar em contato com nossa alma. Contribuem, assim, para experimentarmos nossa alma sem deturpação.

Anselm Grün: Você fala da alma como de um anjo da guarda. Na tradição cristã, o anjo representa sempre aquele que me põe em contato com minha alma, que obtém direito para minha alma, que me introduz no potencial que já existe disponível em minha alma. Além disso, os anjos nos falam diretamente nos sonhos. O sonho nos confia muito mais do que nós mesmos nos confiamos em nosso mundo desperto e vivido conscientemente.

No sonho, os anjos nos põem, diante dos olhos, a variedade de matizes da alma, mostram-nos nossas próprias possibilidades. No sonho podemos voar, transformar-nos em animal e novamente em pessoa. Morremos, mas estamos vivos ao mesmo tempo. Podemos ver às vezes a luz de Deus. No sonho – diz o filósofo judeu Friedrich Weinreb – mergulhamos no chão das raízes divinas. E o Bispo Sinésio (370-412), que ainda estava totalmente radicado na filosofia grega, acha que o sono da alma "abre a capacidade de ultrapassar a natureza e unir-se à esfera do inteligível, pela qual é deslocada para tão longe que não sabe mais donde veio".

Wunibald Müller: Outra possibilidade de contato com a alma consiste em falar diretamente com nosso tu da alma em determinadas situações de nossa vida. Diz-se que C.G. Jung, em situações nas quais não conseguia prosseguir através da reflexão racional, escrevia cartas à sua *anima*, portanto sua alma, para saber o que agora era mais indicado e como deveriam as coisas continuar transcorrendo para ele na vida.

Anselm Grün: É uma prática interessante essa de C.G. Jung escrever uma carta à sua *anima*. O monge, asceta e escritor cristão Evágrio Pôntico aconselha dividir nossa alma em duas partes iguais, quando a situação não está boa para nós, e deixar que elas conversem entre si. Devemos então dizer com o salmista: "Por que estás abatida, ó minha alma, e gemes por mim? Espera em Deus, pois ainda o louvarei: presença que me salva e meu Deus" (Sl 42,6). O diálogo em minha alma, ou com os dois campos da minha alma, o confiante e o abatido, leva-me ao contato com a confiança e com a força que estão em minha alma. Mas a minha alma pode também ficar triste, abatida e inquieta. Posso permitir que tenham lugar todas as disposições emocionais de minha alma. Mas em minha alma já está sempre também a resposta à dúvida, aos medos e à tristeza. E assim, a prática de C.G. Jung se parece ao que Evágrio Pôntico já praticava há mais de 1.600 anos: entabular um diálogo com sua alma para, através de todas as necessidades interiores, chegar mais profundamente ao chão em que se encontra já pronta a resposta às minhas perguntas mais secretas.

Wunibald Müller: Nas situações em que nos sentimos ameaçados ou temerosos, pode ajudar que nos tornemos conscientes da assistência e proximidade de nossa alma. Nesse caso, a alma pode ser para nós um anjo da guarda que sabe a nosso respeito, que nos quer bem e nos protege.

Anselm Grün: Os anjos nos mostram a riqueza e as possibilidades de desenvolvimento que se encontram em nossa alma. Os anjos protegem nossa alma. Eles nos introduzem no mistério da alma. São até mesmo responsáveis pelo âmbito interior. A arte representou muitas vezes a alma e os anjos de maneira semelhante. Os artistas percebem que os anjos têm uma relação estreita com a alma.

Os anjos são invisíveis como a alma. Mas também são perceptíveis como a alma. São de outra substância do que o mundo visível. Eles satisfazem nosso desejo de êxtase, de uma visão diferente e mais profunda da realidade. Os anjos são responsáveis pelas forças de nossa alma, pelos recursos interiores dos quais temos que nos abastecer para conservar nossa vida. Eles descrevem as possibilidades que estão disponíveis em nossa alma a fim de que possamos desenvolver aquela riqueza da vida que Deus nos confiou.

Os anjos nos introduzem nas virtudes de que nossa alma necessita a fim de estar apta para a tarefa de mostrar com autenticidade nosso ser pessoal. É isto que significa exatamente a palavra "virtude": que sejamos "aptos" como pessoas, que desenvolvamos uma "habilidade" como pessoas, que desenvolvamos as forças que estão em nós. As virtudes nos possibilitam ser hábeis neste mundo. Elas nos capacitam a realizar as tarefas no mundo. Não precisamos adquirir penosamente as virtudes com nosso esforço próprio. Um anjo nos acompanha e nos inicia na arte da vida. Ele sente aquilo de que temos necessidade atual; está em contato com nossa alma. Ele lhe dá aquilo que a alimenta agora, de que precisa agora para vencer bem a próxima etapa da vida.

Os anjos querem ver o bem da alma. É interesse deles que a alma seja sã e salva, que não perca seu brilho, mas que se mostre assim como Deus a criou. Os anjos dão asas à alma para que possa desenvolver a riqueza de seus talentos. Os anjos nos colocam em contato com nossa alma, para que nos sintamos bem em nossa alma e nela estejamos em casa, moremos novamente em nossa alma e não no exterior frio dos desertos de concreto de hoje.

Os anjos protegem a alma. Estendem suas asas para que as tendências não a prejudiquem. Eles a vigiam para que nos possa animar, para que possa atuar sobre nosso ser humano de maneira salutar e vivificante. Os anjos nos iniciam nas diversas atitudes pelas quais se expressa a alma. Atraem para fora a vida que se oculta na alma. Realçam o potencial das possibilidades humanas. Os anjos nos remetem para a riqueza que jaz oculta em nós. Eles levam nossa alma à vibração, para que vibre junto com tudo o que fazemos. Quando nossa alma começa a vibrar, podemos também nós entrar na vibração com as almas das pessoas ao nosso redor. Surge então uma vibração geral. Sentimo-nos ligados às pessoas no mais íntimo.

Wunibald Müller: Você diz que os anjos protegem a alma. Também a própria alma é algo como uma proteção para nossa vida. Ela envolve nossa vida. É como a camada de ozônio que nos protege das influências e sugestões que nos poderiam prejudicar. Nisso é importante deixar à alma o misterioso que ela protege e traz dentro de si. É bom deixá-la em sua naturalidade e não ofuscá-la com "luz de néon" e assim expulsá-la.

Faço bem, portanto, em sempre me dispor a redescobrir a alma. Posso descobri-la ou entrar em contato com ela relacionando-me com pessoas cheias de alma, ou indo a lugares que têm alma, como certas catedrais ou o Muro das Lamentações. Um teatro, um ritual, religião, tudo pode comunicar alma.

Alguns acontecimentos, que sentimos como irritantes em nosso caminho para a alma, podem mostrar-se como parte desse itinerário. Esses empecilhos são um convite para superar o usual e rotineiro. Não é o acontecimento, mas a maneira como a ele reagimos que às vezes pode ser importante.

Entramos em contato com nossa alma também quando abandonamos aquilo que dela nos separa. A concentração sobre as coisas externas pode dificultar o relacionamento com nossa alma. Um dito zen soa assim: "A primavera vem e a relva cresce por si". Menos esforço às vezes é melhor. Refletir e analisar demais pode levar à paralisia espiritual. O caminho para a alma precisa sobretudo da confiança em nossa intuição, nosso sentir interior e nossa própria experiência.

Anselm Grün: O ser humano não pensa só com a razão, mas também com sua alma. Os "pensamentos de minha alma" dos quais fala Paul Gerhardt não significam pensamentos puramente intelectuais, mas antes um saber interior: "Isto sabe muito bem minha alma". Com esta frase, Paul Gerhardt quer indicar uma outra espécie de saber.

Antes que tenhamos refletido sobre algo ou que tenhamos conversado com alguém, nossa alma já sabe o que é bom para nós. Hoje diríamos: é um pressentimento ou intuição que muitas vezes enxergam mais profundamente e conhecem mais do que a razão. Friedrich Schiller fala da "alma cheia de pressentimentos". A alma traz em si um pressentimento daquilo que o futuro pode trazer. Sabe no mais profundo como um relacionamento ou um negócio vão transcorrer, como o grupo vai se desenvolver. Temos de aprender a escutar a alma cheia de pressentimentos e nela confiar. Quem só quer conhecer tudo com a razão e não escuta a alma fracassa em sua vida.

São Bento exige especialmente do celeireiro que sempre preste atenção à sua alma. Deve dirigir economicamente o mosteiro não só segundo pontos de vista puramente racionais ou segundo aspectos financeiros. Mas deve prestar atenção ao que a alma lhe diz sobre ele mesmo e que ideias e imagens ela põe à sua disposição para a administração econômica e espiritual do mosteiro.

Wunibald Müller: Para mim é de suma importância a preocupação de estar sempre em contato com minha alma. Tornar-me consciente, por melhor que eu esteja, de que existe em mim esta força, esta instância. Se conseguir ficar em contato com minha alma, posso ir alerta a um encontro, sabendo que minhas decisões são influenciadas também por minha alma, que tudo o que penso e faço é sustentado pela melodia de minha alma. Muitas vezes não se trata mais do que de pressentimentos que brotam da alma.

Ela é o fundamento de minha consciência e, segundo C.G. Jung, "a coisa viva que sentimos mais ou menos claramente como fundamento de nossa consciência". Com esse fundamento estou às vezes mais e às vezes menos em contato. A atmosfera de minha consciência em que sinto minha alma eu a percebo sobretudo no começo de um dia, sobretudo quando acabo de acordar de um sonho. Pode acontecer então que acordo de humor alegre, canta por assim dizer a alma em mim, sinto-me leve, livre, salvo.

Mas há dias em que acordo de mau humor, sinto-me abatido, esquisito e aborrecido. Muitas vezes não sei a que atribuir isto a partir de minha vida exterior. Este estado de espírito deve então ser entendido antes como consequência de minha disposição psíquica. Um lado mais profundo em mim sente algo que me oprime.

A fala da alma é algo que não gostaria de negligenciar. Ela é o caminho para minha alma. Através dela manifesta-se minha alma, comenta minha vida, inclusive meu comportamento e meu agir.

Anselm Grün: Os poetas sabem a respeito da riqueza interior da alma. A alma tem uma aptidão própria de entender, sentir e conhecer algo. Friedrich Hölderlin escreveu repetidas vezes sobre a alma que pressente, que sabe e que sente. Percebe-se em suas palavras que a alma o levou ao contato com as profundezas de seu espírito, que foi a alma que lhe inspirou um tão belo texto:

O que o desejo mais altivo dos espíritos
consegue nas profundezas, nas alturas
eu o recebo todo em ti,
desde que minha alma te sente premo-
nitora[2].

A alma que sente o mistério da pessoa amada
leva o poeta às profundezas e alturas do ser, em
última análise, às profundezas e alturas de Deus.
A alma entende o mistério da vida e o mistério de
Deus. Hölderlin expressa isto nas palavras:

Assim falava o bom pai, muito queria
ainda dizer, pois a alma
se abrira nele, mas palavras lhe faltavam[3].

Algumas coisas que a alma conhece e sente
não as podemos exprimir em palavras. Mas quando a alma se abre em nós, compreendemos a
verdade de todo ser. No chão da alma sabemos o
que "mantém unido o mundo no mais íntimo".
No chão da alma contemplamos o fundamento
das coisas. Ali entendemos. Ali tudo se torna
claro para nós. Os gregos chamam isto de *theo-*

---

2. *Was der Geister stolzestes Verlangen / In den tiefen, in den Höh'n
erzielt, / Hab' ich allzumal in dir empfangen, / Seit dich ahnend meine Seele fühlt.*

3. *So sprach der gute Vater, vieles wollt' / Er wohl noch sagen, denn
die Seele war / Ihm aufgegangen, aber Worte fehlten ihm.*

ria e os romanos, de *contemplatio*. Contemplação da verdade, contemplação do real. A alma tem a capacidade de enxergar atrás das coisas e, assim, conhecer o real.

PARTE II

Sobre a imortalidade
da alma

Wunibald Müller: Devemos agora voltar a atenção para um tema que necessariamente precisa ser abordado quando se fala da alma. Penso na ideia da imortalidade da alma. Encontramo-nos aí num plano que ultrapassa nosso pensar e nossas possibilidades de falar algo sobre isso e para além de tudo o que já dissemos até agora sobre a alma. Apesar disso, precisamos tentar refletir sobre este assunto.

Segundo C.G. Jung, a imortalidade da alma, dogmaticamente afirmada pela Igreja, coloca "a alma acima da transitoriedade da pessoa corporal e a faz participante de uma qualidade sobrenatural. Sobrepuja assim a pessoa consciente e mortal para conseguir um algo mais em significado..." Esta é a afirmação convicta de um homem que diz de si que sobre tudo o que fala – e isto vale também para suas afirmações sobre a alma – fala como cientista:

> Gravou-se fundo em mim a ideia de que a alma só habita meu corpo passageiramente, abandonando-o no momento de minha morte. Enquanto meu corpo se decompõe e desaparece, minha alma vai sobreviver. O sentido da vida mortal é a salvação da alma imortal.

Esta era também mais ou menos a doutrina em voga na Igreja sobre a imortalidade da alma. Entrementes, há teólogos que acham que a alma permanece um ser aleijado enquanto não se unir substancialmente ao corpo. Fica questão aberta como imaginar a sobrevivência da alma quando tivermos morrido e nosso corpo se decomposto.

A arte popular representa muitas vezes a alma como um pássaro que se evade do corpo moribundo da pessoa. Em representações cristãs, Cristo recebe muitas vezes a alma que se separava do corpo como uma criancinha vestida com uma túnica branca.

Anselm Grün: Para poder entender as ideias sobre a imortalidade é útil lançar um olhar sobre a história da filosofia e da teologia e examinar exatamente como os filósofos e teólogos entenderam o mistério da alma.

Temos inicialmente a doutrina de Platão, que considera a alma imortal em contraposição ao corpo mortal. Platão fala da preexistência da alma. Antes que o ser o humano existisse, sua alma já tinha desde sempre uma existência em Deus. No nascimento, manifestava-se então essa ideia de Deus num ser humano concreto.

Os Padres Gregos da Igreja ligaram a doutrina da imortalidade da alma, que encontraram em Platão com a ideia bíblica da ressurreição dos mortos. A teologia protestante se opôs a esta equiparação das duas ideias. Para ela, a ressurreição dos mortos é obra de Deus. Para ela, morre *também* na morte a alma humana. No fim dos tempos, Deus vai ressuscitar os seres humanos da morte.

Esta interpretação levou a se pôr de lado todas as ideias sobre a morte e a situação da pessoa após a morte, sobretudo todas as imagens de aperfeiçoamento na morte, da vida eterna em Deus. Ao final, a gente se recusava a dizer qualquer coisa sobre o assunto. Isso levou muitas pessoas a procurar em outras religiões ideias sobre a morte e a continuação da vida após a morte. Para muitos a ideia da reencarnação ficou sendo a mais viável.

Wunibald Müller: Obviamente, muitas pessoas sentem em si o desejo de continuar vivendo após a morte, voltar à vida como outra pessoa, ou até mesmo como animal ou planta. Outros ainda falam com convicção que foram, numa vida passada, um guerreiro ou uma rainha.

Tenho muitas vezes a impressão de que rejeitamos depressa demais essas ideias e desejos como fantasias absurdas e não levamos realmente a sério as pessoas que assim pensam ou sentem.

Eu, pessoalmente, não tenho nenhuma afinidade com isso, e a ideia de um renascimento me é totalmente estranha. Mas outras pessoas podem achar estranha nossa ideia de uma alma imortal.

Talvez tivéssemos de falar mais corajosamente e sem presunção da imortalidade da alma. Então podemos falar sem medo de uma reiteração, da ressurreição dos mortos, na qual nós cristãos acreditamos.

Anselm Grün: Minha opinião também é esta e considero, pois, tarefa da teologia unir a visão platônica da imortalidade da alma à visão bíblica da ressurreição dos mortos. Isto é, ademais, o desejo do Papa Bento XVI. Sem abertura para as concepções filosóficas sobre a imortalidade da alma não podemos falar convictamente sobre a ressurreição dos mortos.

Posso entender que tenhamos dificuldade hoje com algumas especulações filosóficas sobre a imortalidade da alma. Não temos mais aquela aptidão especulativa das pessoas de antigamente. Mas em tudo o que filósofos e teólogos pensaram e disseram sobre a alma, importa fazer a experiência que está por trás das afirmações. De repente começam então a receber luz as velhas imagens, acabam tendo um novo brilho para nós.

Segundo a compreensão bíblica, o ser humano tem por sua natureza uma relação com Deus. Esta relação com Deus pode ir além da própria morte. O Antigo Testamento não conhece a doutrina grega da imortalidade da alma. Nos escritos sapienciais encontramos a crença de que a alma do justo está na mão de Deus e que é conservada por Deus mesmo depois da morte. O Antigo Testamento chega assim a uma concepção semelhante à dos gregos sobre a imortalidade da pessoa, que não está em sua natureza, mas na fidelidade de Deus para com o ser humano.

Wunibald Müller: A ideia da imortalidade da alma levou a muitas especulações bem diferentes que mostram o grande interesse provocado por esse fenômeno e como é estimulada uma reflexão criativa sobre o assunto. Para o rabino Harold Kushner, por exemplo, a alma representa aquelas partes de nosso ser humano que não são de natureza física. Entre elas enumera nossos critérios de valor, nossas recordações e nossa identidade na qual se expressa de modo especial nossa singularidade. Sua convicção é que a alma não pode ficar doente, não pode morrer e nem simplesmente desaparecer. Portanto, é imortal.

É um modo bem interessante de considerar a imortalidade da alma. Por outro lado fica naturalmente a pergunta: onde pode ser expresso aquilo que aqui se designa por alma se não por meio de nosso corpo? Aqui é preciso tomar cuidado para não cair outra vez na separação inaceitável de corpo aqui e espírito ou alma lá, mas continuar também aberto para ver na ação da alma uma força que não pode viver sem o corpo, mas que pode influir sobre o nosso corpo. Ainda que não possa ser percebida sem o nosso corpo, constitui uma grandeza que é mais do que o nosso corpo.

Nosso sentir corporal tem influência sobre nosso estado anímico; contudo a influência de nosso corpo sobre nossa alma permanece limitada. A relação entre nosso corpo e nossa alma não é simbiótica. Alma e corpo estão relacionados entre si, mas sem perder sua autonomia e liberdade de movimentos.

Anselm Grün: Além disso, acho também importante não entender a imortalidade da alma como teoria abstrata, mas considerar a experiência que está por trás dessa teoria. A experiência pode corresponder ao que o teólogo judeu, o rabino Harold Kushner, escreve sobre a alma. A alma é imortal porque ela já ultrapassa sempre este mundo. Nela há algo em nós sobre o qual o mundo não tem poder. Não precisamos de forma nenhuma separar corpo e alma entre si. Eles se pertencem. Mas a alma mostra a dimensão de nosso ser pessoal, que não pode ser destruído, mesmo quando o corpo morre. Ela está ligada ao corpo e o ultrapassa ao mesmo tempo. Ela configura e dá forma ao corpo e se expressará também de novo no corpo, logo que se tiver separado de nosso corpo mortal e este for entregue à decomposição.

Para mim é importante também entender que a alma está relacionada. Ela não está só relacionada com o corpo, mas também com as outras pessoas e, por último, com Deus. E só a partir desse estar relacionada podemos entender a doutrina da imortalidade da alma. Quem está relacionado com Deus no seu mais íntimo não pode mais cair fora desse relacionamento, nem mesmo pela morte. Irá experimentar na morte uma nova qualidade da relação com Deus, consigo mesmo e com seu corpo.

A questão da vida eterna

Wunibald Müller: Pouco antes de morrer, Karl Rahner, ao final de uma conferência na Academia Católica de Frankfurt, expôs algumas ideias suas sobre a vida eterna. Sua voz ficou mais baixa, quando ele, parecendo procurar as palavras certas, expressou sua opinião, mais balbuciando do que ensinando:

> Parece-me que os esquemas teóricos com que se pretende explicar a vida eterna, na maioria das vezes, não se aplicam ao corte radical que ocorre na morte. [...] Confesso que para mim parece ser uma tarefa atormentadora, não realizada ainda, do teólogo de hoje descobrir um modelo teórico melhor para esta vida eterna que exclua de antemão essas chamadas inofensividades. Como? Mas como? Quando os anjos da morte tiverem removido dos espaços de nossa história todo o lixo

inútil que chamamos de nossa existência, [...] quando todas as estrelas de nossos ideais com os quais decoramos por presunção própria o céu de nossa existência estiverem sem luz e sem calor, quando a morte tiver imposto um vazio tremendamente silencioso, [...] e quando então, num espanto colossal de um regozijo inaudito, este vazio tremendamente silencioso que nós experimentamos como morte é preenchido verdadeiramente por sua luz pura e por seu amor que tudo toma e tudo doa, e quando então ainda nos aparece nesse mistério insondável o rosto de Jesus, o bendito, e nos olha e esta concretude é a superação divina de toda nossa verdadeira aceitação da incompreensibilidade do Deus insondável, então, então, assim mais ou menos gostaria de não descrever propriamente o que vem, mas indicar balbuciando como alguém pode esperar provisoriamente o vindouro, enquanto experimenta o ocaso da própria morte já como começo daquilo que vem. Oitenta anos são muito tempo. Mas para cada qual o tempo de vida, a ele assinalado, é o curto momento em que é o que deve ser.

Gosto do modo cauteloso de Karl Rahner quando fala da vida eterna. Ou quando aponta para o corte radical que vem com nossa morte.

Anselm Grün: Você cita Karl Rahner. A interpretação que ele deu à doutrina tomista sobre a alma tornou-se para mim importante. Rahner fala da relação da alma com o corpo. Na morte, a alma se separa do corpo. E neste momento consegue dispor plenamente de si. Assim, o momento da morte, em que a alma se separa do corpo, é o único momento em que a alma pode decidir-se em total liberdade por Deus ou contra ele.

Mas ao mesmo tempo – assim diz Rahner – a alma se expressa novamente num corpo. É o corpo glorificado. A doutrina católica de que Maria foi assunta ao céu de corpo e alma vale em última análise também para nós cristãos. Nossa alma não é simplesmente elevada para dentro de um mar do divino. Nós chegaremos de corpo e alma a Deus. Naturalmente, este corpo vai primeiro se decompor. Mas quando a alma se manifesta, mesmo depois da morte, no corpo, isto significa que nós chegamos a Deus como pessoa. Pois o corpo é o repositório das lembranças de todas as experiências importantes da alma. Nossa experiência de amor e alegria, de sofrimento e tristeza passa pelo corpo. Chegaremos a Deus com todas as experiências que nosso corpo armazenou com a maneira única como nós expressamos nosso si-mesmo sem igual e inalterável. Quando a alma se manifesta no corpo, tornamo-nos capazes de perceber a relação com as outras pessoas. A ideia de que nos veremos novamente após a morte pressupõe a ideia de que a alma se manifesta também após a morte no corpo transfigurado.

Wunibald Müller: Como entender isso? É realmente possível entendê-lo? Percebo aqui que numa discussão sobre a imortalidade da alma há necessidade de grande discrição, pois só podem ser levantadas suposições. Parece mais um balbucio do que um conhecimento claro, incontestavelmente apresentado.

É ao mesmo tempo uma tentativa de, em nossa discussão sobre a alma e sua imortalidade, romper o muro que está entre o que chamamos de aquém e além. Já deveríamos ficar satisfeitos se encontrássemos uma fresta para, através dela, dar uma olhada no além, no eterno.

Porém, não conseguiremos ter mais do que uma ideia vaga. Uma ideia que nos é transmitida por algo não concreto, não material, mas que ao mesmo tempo pode ser abrangida, tateada, pressentida por algo concreto, material, carnal, por nós seres humanos corpóreos. Há necessidade de uma caixa de ressonância, de uma antena que possa captar, registrar e perceber este não concreto, não material. Isto é a alma. Não é interessante e fascinante?

Não podemos demonstrar a imortalidade da alma, assim pensa também C.G. Jung, sem com isso querer excluir "o fato afirmado pela convicção religiosa da imortalidade da alma". Jung fala da lógica própria da alma, que supera a lógica da ciência natural. Aquela nos diz que devemos "ver a morte como a realização do sentido da vida e como sua meta específica, em vez de considerá-la apenas como um término sem sentido".

Anselm Grün: Em tudo o que dizemos sobre a imortalidade da alma, temos de saber sempre que todas as nossas afirmações são apenas imagens de um mistério que, em última análise, não conseguimos expressar com palavras nem com imagens. As imagens que a Bíblia nos oferece para nosso ser após a morte são as janelas pelas quais podemos contemplar o mistério insondável de Deus e da vida eterna. Mas, através dessa janela, não conseguimos prender nada. Olhamos, em última análise, para o infinito.

Eu não tenho problemas em ligar a imortalidade da alma, como a ensinou Platão, com a doutrina cristã da ressurreição dos mortos. A imortalidade da alma indica que nosso cerne pessoal não pode ser destruído. Posso expressar isto também de forma bem pessoal: eu, como pessoa, não posso cair fora do amor de Deus. O amor é mais forte do que a morte.

O filósofo e representante do existencialismo cristão Gabriel Marcel expressou isto em sua célebre frase: "Amar significa dizer à outra pessoa: 'você não vai morrer!'" No amor já se encontra algo que supera a morte. A ideia da imortalidade da alma mostra que existe em nós algo sobre o que a morte não tem poder.

C.G. Jung ratifica a concepção de Platão sobre a imortalidade da alma. Escreve, como psicólogo, que é natural que a alma acredite na imortalidade. Se alguém proclama a plenos pulmões que com a morte acaba tudo, pode até soar bem fundamentado racionalmente, mas bate contra as leis de sua alma. E isto – segundo C.G. Jung – leva à doença, à neurose, ao apego doentio a seu próprio ego. Só aquele que acredita numa vida após a morte fará justiça à estrutura de sua alma, este viverá de forma sadia. Pois o outro se agarrará convulsivamente a si mesmo, a seu sucesso e à sua fama.

Wunibald Müller: O jornalista Otmar Jenner cita em seu livro *Das Buch des Übergangs* (O livro da passagem) a seguinte conversa com a moribunda e doente de câncer Leonie, que ele acompanhava:

> – Quem a alma vai encontrar no além, Otmar?

> – A si mesma, com todos os seus medos e experiências.

> – Sim. E o que acontece com ela – se é que de fato existe?

– Ela existe e passa por um processo de desenlace. Isto nem sempre é agradável.

– Para onde ela vai?

– Para o espaço gigantesco e informe que é pátria.

– Lá é claro ou escuro?

– Muito, muito claro.

– As coisas ainda têm forma?

– Se lá se pode andar de motocicleta, você quer dizer?

– Por exemplo.

– Lá só se pode sonhar em andar em veículo, não andar de verdade como aqui no aquém. E também não se pode morrer num desastre, o que já seria um benefício.

Como você imagina a situação, quando um dia for à casa de Deus? Minhas ideias estão muito bem traduzidas nas palavras do exegeta do Antigo Testamento Alfons Deissler, que entrementes o "sabe" quando diz:

Algum dia meu caminho da vida terá chegado a um muro, e eu espero ser alçado por cima do muro. Tenho o veemente desejo de que então, quando devo dizer adeus, estejam presentes todo o amor que experimentei e todas as manifestações de Deus em minha vida.

À pergunta sobre o que havia atrás do muro, respondeu que não pode ser traduzido em palavras: "Encontrar Deus, Cristo face a face, Shalom em toda sua plenitude, unido a pessoas amadas..."

Anselm Grün: Em tudo o que já disse sobre a morte e a vida eterna, pergunto-me naturalmente sempre de novo: como será realmente? Como posso entender isso? Como posso imaginá-lo? Ajuda-me a ideia: encontrarei na morte Deus como o amor eterno. E encontrarei Cristo que satisfaz meu desejo mais profundo por um Deus feito homem, pela face humana de Deus. E imagino como vou entregar-me a este amor de Deus e estar para sempre no objetivo de meu desejo.

O que é eternidade, eu já o experimentei algumas vezes aqui, quando o tempo ficou parado. Assim também imagino a eternidade em Deus. O tempo para. Tudo é um. Tornei-me totalmente eu mesmo, cheguei a meu verdadeiro si-mesmo, à imagem autêntica e única que Deus fez de mim para si. Meus olhos se abrirão e eu conhecerei. Olharei para o fundamento de todo ser. E eu estou em paz. E também sou um com as pessoas que foram importantes em minha vida. Assim eu o imagino, mas sei que todas as minhas representações são apenas um pressentimento. Em última instância vale a palavra de São Paulo: "Nem o olho viu, nem o ouvido ouviu, nem jamais penetrou no coração humano o que Deus preparou para os que o amam" (1Cor 2,9).

Wunibald Müller: Acho bonito o que Thomas Merton fala da alma: "A alma que mantém coesa minha substância, pérola dura no côncavo da concha, vai um dia entregar-se por completo". Isto me toca bem fundo. Nisso se expressa para mim a essência da alma. Ela é a substância que tudo mantém coeso. Aqui se concentra e se condensa tudo o que me constitui.

A alma, uma pérola dura no côncavo da concha. Semelhante afirmação é preciso deixar atuar sobre nós. Uma pérola dura no côncavo da concha que um dia se entrega por completo.

Quando então eu morro, entrega-se por completo esta pérola dura. Ali só posso emudecer, calar e sentir. Entrar em contato com minha própria alma. Entender minha alma como pérola no côncavo da concha, no mais íntimo de mim, que como substância mantém coeso tudo em mim. Um dia vai entregar-se por completo, quando eu me tornar inteiro em meu aperfeiçoamento, quando acontece o que finalmente e definitivamente tem de acontecer. "Eu me dissolverei como gota d'água no mar do amor, no nirvana", assim dizia um monge budista ao lhe perguntarem o que esperava após a morte. Não sabemos o que acontece depois da morte. Mas a afirmação de Thomas Merton pode ajudar-me: "A alma que mantém coesa minha substância, pérola dura no côncavo da concha, vai um dia entregar-se por completo". É minha alma, o mais profundo minha individualidade, que um dia vai entregar-se. "A dignidade do ser humano está em preservar sua identidade e não simplesmente em apagá-la", diz o teólogo Horst Georg Pöhlmann.

Anselm Grün: Thomas Merton falou algo importantíssimo sobre a alma. Ela mantém coeso não só meu corpo, mas também minha pessoa. Ela perpassa tudo e une tudo em mim. E sua natureza está em se entregar. Na morte, ela se entregará totalmente e se tornará uma com Deus. Mas ela não se dissolverá – como diz o monge budista – como gota d'água no mar, mas como esta pessoa individual tornar-se-á uma com Deus. A alma – diz Karl Rahner – se formará um corpo também após a morte, que se distinguirá do mar dos sem nome.

Contudo, na afirmação do monge budista há algo de verdadeiro. A alma se dissolverá no amor de Deus. Vai entregar-se ao amor de Deus. Não vai reter seu ego, mas tornar-se uma com todas as pessoas que são unas no amor de Deus no mais profundo.

Em última análise, não conseguimos imaginar isto. Mas na afirmação de Thomas Merton não vejo apenas uma indicação de como a alma se entregará totalmente na morte. É, antes, uma exortação para a pessoa já aqui e agora treinar-se sempre de novo para a entrega. Faremos justiça à natureza de nossa alma se nos entregarmos ao momento atual, se nos entregarmos às pessoas para as quais nos voltamos agora, se nos entregarmos a Deus que nos envolve aqui e agora com seu amor infinito.

A alma e o contato com os falecidos

Wunibald Müller: "Lembrai-vos das pobres almas!" exorta um letreiro perto da entrada do cemitério de Söll, no Tirol. Para mim isto significa lembrar-se dos falecidos. Não deixar que se rompa o contato com eles. Isto vale naturalmente de maneira especial para pessoas que nos estiveram mais próximas e cuja falta mais sentimos. Mas isto inclui também outras pessoas, em suma todas as pessoas falecidas. Se nós nos lembrarmos das pessoas que partiram, elas permanecerão vivas para nós. De certa maneira, permanecem vivas assim também elas mesmas. Costuma-se dizer: existem os mortos e os *realmente* mortos. Entre os realmente mortos estão aqueles dos quais ninguém mais se lembra.

Pressupondo que os mortos continuem vivendo de alguma forma, seria pena se eu os esquecesse, se não continuasse em contato com eles. Mas se quiser ter o contato, posso fazê-lo lembrando-me deles, pensando neles. Mas posso também entrar numa relação direta com eles. Disso estou plenamente convencido. Preciso para isso de minha alma. Ela é o "lugar de ligação" que torna possível o acesso ao inconsciente, ao incomensurável, ao misterioso. Através dela, experimento a ligação com a humanidade que já passou, através dela posso sentir já agora minha anexação ao ilimitado. Através da alma posso estabelecer contato com as pessoas que já se foram.

Anselm Grün: É precisamente em relação aos falecidos que falamos muitas vezes de almas. Existe a expressão: "Agora descansa em paz a pobre alma". Rezamos pelo descanso das almas dos falecidos. Ou falamos das pobres almas que estão no purgatório. Chamamos a elas de "pobres" porque necessitam de nosso auxílio na oração. Hoje temos dificuldade com este modo de falar. Mas atrás disso esconde-se o pressentimento de que a alma define o essencial da pessoa humana. A alma significa a pessoa do ser humano. Expressamos com esta imagem que nós acompanhamos com nossa oração os falecidos também em seu processo de autoentrega ao amor de Deus.

Em nossa alma sentimos, também após a morte de uma pessoa querida, a ligação interior com ela. No luto temos de nos despedir primeiro da pessoa falecida. Despedida é sempre algo doloroso. Mas o objetivo do luto é entrar em nova relação com a pessoa falecida, senti-la como acompanhante interior. Vai falar-nos em nossa alma. Podemos experimentar às vezes que ela nos ajuda, que nos inspira uma ideia que nos faz sair bem de uma situação difícil.

Há três caminhos pelos quais os falecidos falam à nossa alma. Temos em primeiro lugar os impulsos interiores. De repente sentimos o que a pessoa falecida nos gostaria de dizer. Entendemos sua mensagem. E ficamos sabendo como podemos respondê-la.

O segundo caminho são os sonhos. Quando sonho com meu pai ou minha mãe falecidos, isto é para mim algo precioso. Às vezes meu pai diz uma palavra que me leva ou me ajuda a relativizar as coisas do dia a dia. Ou minha mãe está simplesmente aí. Isto é uma constatação de que minha vida agora está bem e que tem a concordância dela. E, às vezes, mostra a presença dos falecidos pai ou mãe que preciso agora, para este período da vida, da qualidade característica de meus pais para prosseguir.

O terceiro caminho pelo qual os falecidos nos contatam é por sinais externos. No acompanhamento que faço de pessoas enlutadas, elas me falam muitas vezes de sinais que a pessoa falecida lhes deu. Às vezes quase não ousam falar disso, pois temem que eu poderia rejeitar isso como simples imaginação ou mesmo como desequilíbrio mental.

Um pai me contou que no dia do enterro de sua filha de três aninhos a roseira preferida dela deu flor, numa época em que normalmente as roseiras não florescem. Uma família presenciou que, durante o *requiem* pelo filho falecido, uma borboleta ficou voejando em torno da família o tempo todo. Na igreja não se via outra borboleta. Só havia esta, e ela não saía de perto da família enlutada. Para a família foi um sinal de que o filho falecido estava presente e que animava a família a continuar a vida com leveza (de borboleta).

Existem muitos desses fenômenos. A questão é como entendê-los. C.G. Jung fala do único mundo, *unus mundus*, no qual estamos ligados entre nós na profundidade. Nem a morte pode suprimir esta ligação interior. Existe um plano em que permanece a ligação entre as pessoas que se amam, mesmo quando distantes e mesmo que a morte as separe.

Wunibald Müller: O contato com os falecidos acontece da maneira mais densa e íntima através de minha alma. Ela é a ponte do aquém para o além. Mas não se limita só a isso; ela se movimenta também entre o aquém e o além, ela transporta algo do aquém para o além e algo do além para o aquém.

Se vivêssemos só como pessoas exteriores, não estaríamos em condições de "transpor" a "parede intermédia" para o interior. Também não poderíamos entrar em contato com os falecidos. Isto só o poderemos se formos sensíveis ao pano de fundo, ao eterno.

Se eu me confiar aos impulsos de minha alma, ela me conduzirá ao reino do eterno. Sentirei a ligação com os falecidos. Não permitirei mais ser dissuadido por vozes que me dizem que isto é bobagem, que é impossível. Estarei com tal abertura tão ligado à minha profundidade, que nada me pode tirar a ideia de entrar em contato com os falecidos, de deixar que entrem em contato comigo. Isto alarga o horizonte de minha vida. Não me sinto mais separado deles, sinto vinculação com eles. Fazem parte agora da minha vida.

Lembro-me de como, numa noite no mosteiro carmelita do Preciosíssimo Sangue, que fica logo ao lado do antigo campo de concentração de Dachau, pensava em Edith Stein, uma carmelita que morreu no campo de concentração. Enquanto isso, andava ao longo do muro do antigo campo de concentração. Depois de algum tempo não pensei mais nela. Mergulhei interiormente na torrente do incomensurável. Entreguei-me aos impulsos e movimentos de minha alma. Suspendi todas as reflexões e restrições que pretendiam impedir minha crença de que poderia entrar em contato com Edith Stein.

Senti perfeitamente como uma camada se desprendeu dentro de mim, que antes tapava minha visão e com isso meu acesso aos falecidos. Em mim alguma coisa se alargou. Eu mesmo dei um passo para dentro do "outro lado", fiquei com uma perna lá. E isto faz bem. É simplesmente bom assim como é. Edith Stein está presente em meu coração, em minha profundeza. Está presente de modo diferente do que suas coirmãs aqui no carmelo. Mas ela está aqui porque eu a deixo entrar em mim. Porque não deixo mais que seja obstruído o acesso a ela, porque abri a cortina que me impedia até agora de olhar para dentro do reino do eterno. Porque abri a porta que me tornava impossível até agora a entrada no reino do eterno. Eu me confio aos movimentos de minha alma, a alma que atravessa portas trancadas, que me leva aonde me quer conduzir, aonde gostaria de me ter.

O olhar para dentro do além, a tomada de contato com as pessoas que nos precederam na morte, não pode e não deve suprimir o olhar para dentro do aquém.

Anselm Grün: Isto vale inclusive para a velha exortação que muitas vezes estava escrita na cruz das missões populares, cruz essa que os missionários populares erigiam nas respectivas comunidades em que pregavam: "Salva tua alma!" Vemos nisso o perigo de só olhar para o além e não se importar mais com o presente.

Mas eu poderia entender também de outro modo esta frase. No caminho espiritual, trata-se realmente de salvar sua alma num mundo que se tornou sem alma, conservar o sentimento pela alma para que possa viver aqui e agora como pessoa, como pessoa com alma. Disso depende minha bem-aventurança, não só minha bem-aventurança no além, mas também já agora. A palavra alemã *selig* (bem-aventurado) vem provavelmente, como já dissemos anteriormente, de *Seele* (alma). Quem é cheio de alma, quem está em contato com sua alma, sente-se bem-aventurado.

Ou quando alguém se enamorou, quando sua alma reage ao amor de uma pessoa, acredita saborear já agora a bem-aventurança.

Parte III

A alma nos une a Deus

Wunibald Müller: Agostinho fala de si: "Gostaria de aprender a conhecer Deus e a alma". Ele encontrará seu si-mesmo no desejo de comunhão com o eterno "Outro". Para Agostinho, o autoconhecimento é o primeiro passo na direção do conhecimento da alma de Deus. Coisa semelhante diz o teólogo holandês e escritor espiritual Henri Nouwen: "Enquanto não te conheceres a ti mesmo, não poderás conhecer Deus. Nós somos ao máximo nós mesmos quando somos o mais parecidos com Deus".

É uma aspiração elevada que evidentemente nunca seremos capazes de atingir. Para poder entrar em contato com Deus de maneira profunda e íntima, é importante estar em contato com a alma. Nisso posso experimentar um profundo enriquecimento de minha fé. Numa de suas cartas explica C.G. Jung: "Alma é para mim um coletivo para a totalidade dos assim chamados fenômenos anímicos". Conseguir uma introspecção para dentro da própria alma é um bom caminho para, dessa forma, poder entrar melhor em contato com Deus.

Anselm Grün: Agostinho não quer saber de outra coisa a não ser de Deus e da alma. A alma tem para ele uma insondável profundidade. Ela é o lugar em que a pessoa está aberta para Deus. Segundo Agostinho, há necessidade de uma vida inteira para sondar o mistério da alma.

Para mim, Agostinho foi um homem que estava em contato com sua alma. Escreveu tão abertamente sobre sua alma como nenhum teólogo antes dele. Nas *Confissões* descreve os movimentos de sua alma, mas também seu desejo mais profundo. Entra em contato com sua alma na oração e na meditação, mas também na conversa com os amigos. Quando falou pela última vez com sua mãe, Mônica, sentiu como se suas almas tivessem entrado em contato com o próprio mistério. Era importante para ele manter e trocar correspondência com seus amigos. Queixou-se certa vez de que seus amigos estavam distantes e que precisava contentar-se em "aprender a conhecer suas almas através de seus livros".

Em seu livro *Confissões* abriu seu coração a todos os leitores. Peter Brown escreve sobre o desejo dele de querer mostrar a seus amigos algo de sua alma: "Ao menos este livro pôde levar sua alma, por sobre o mar, para os amigos, cuja ausência o afligia".

Wunibald Müller: Em Agostinho, Karl Rahner, Henri Nouwen, Pierre Stutz e em muitos outros, a nós desconhecidos, homens e mulheres, é possível registrar um profundo desejo do totalmente outro, de Deus. Um desejo que sempre de novo os impele a querer encontrar Deus. Só para serem confrontados sempre de novo com a experiência de que, nesta vida – como disse certa vez Karl Rahner –, todas as sinfonias ficam inacabadas. Neste desejo sinto o agir e mover-se da alma que quer chegar à sua perfeição em Deus.

Anselm Grün: A alma é uma imagem do desejo da pessoa por Deus. Diz o salmo: "Minha alma tem sede de Deus" (Sl 42,3). Não é só o corpo que tem sede. A sede da alma é o desejo de Deus, e só quando Deus satisfaz o desejo da alma respira ela aliviada, sente-se nutrida. Derrete-se então a alma endurecida. Torna-se viva e chega à sua verdadeira natureza.

A alma nos une a Deus. Não é só a filosofia grega que considera isto assim. Quase todas as tradições religiosas estão convencidas de que a alma nos abre para Deus. A alma nos mostra que, como seres humanos, estamos mergulhados no fundamento da raiz divina, que em nosso íntimo participamos da natureza divina, como está escrito na Segunda Epístola de São Pedro.

E a Primeira Epístola de São Pedro nos promete que alcançaremos por Cristo a meta de nossa fé: "a salvação das almas" (1Pd 1,9). A salvação das almas "os próprios anjos a desejam contemplar" (1Pd 1,12). Os cristãos não devem entregar-se aos apetites mundanos "que combatem contra a alma" (1Pd 2,11). O próprio Cristo é o pastor e guarda de nossas almas (1Pd 2,25). Deus salvou por assim dizer as almas através da água na Arca de Noé. Isto é uma imagem do batismo (1Pd 3,21).

Muitos exegetas traduzem nesta passagem sempre a palavra *psyche* por "vida". Mas se inserirmos conscientemente o significado primitivo "alma" e entendermos com isso o íntimo da pessoa, por meio do qual está aberta para Deus, estas passagens adquirem novo sentido. O objetivo da ação salvífica de Deus em Jesus Cristo é a salvação da alma. Cristo é o guarda de nossa alma. Ele a protege a fim de que nela mantenhamos sempre a relação com Deus.

O ser humano deve tornar-se em seu íntimo novamente como foi pensado por Deus, como alguém aberto em seu coração para Deus. Mas se nos deixarmos levar pela razão pura, este campo interior sofrerá prejuízo. Perdemos então nossa alma. Por isso precisamos de Cristo como o guarda que vigia sobre nossa alma e que a protege. E precisamos de Cristo como o pastor que apascenta nossa alma, que a conduz para pastagens verdejantes a fim de que lá seja alimentada.

Na parábola da dracma perdida mostra-se o quanto nossa alma precisa do contato com Cristo. Ali está escrito: "Se uma mulher tiver dez moedas de prata e perder uma, não acende a luz, varre a casa e procura cuidadosamente até encontrá-la? Quando a encontra, chama as amigas e vizinhas dizendo: 'Alegrai-vos comigo, achei a moeda que tinha perdido'" (Lc 15,8s.).

Gregório de Nissa, já no século IV, interpretou esta parábola como sendo a alma que tivesse perdido a dracma. A dracma representa a imagem de Cristo em nós. Dez é uma imagem da totalidade da humanidade. Quando a alma perde uma dracma, perdeu sua totalidade. Ela se faz em pedaços. A única dracma, Cristo, faz com que se torne una.

Assim, segundo Gregório de Nissa, a alma procura nas profundezas de seu inconsciente esta dracma, Cristo. E quando encontrou Cristo, convida todas as forças da alma para celebrar com ela a festa da totalização e da unificação.

Wunibald Müller: A alma tem, segundo C.G. Jung, "a dignidade de um ser [...] a quem foi dado estar consciente de uma relação com a divindade. Mesmo que seja só a relação de uma gota com o oceano; o próprio oceano não existiria sem a grande quantidade das gotas".

Anselm Grün: Jung considera três áreas da alma: em primeiro lugar a consciência, em segundo lugar o inconsciente pessoal e em terceiro lugar o inconsciente coletivo. Ao abordar as visões de São Nicolau de Flüe, Jung acha que elas não brotam do inconsciente pessoal, "mas, antes – podemos dizer –, daquela esfera misteriosa de fatores suprapessoais que de algum modo estão na origem do ser humano". Sim, ele fala de uma alma divina, que por sua natureza está aberta para o divino.

Wunibald Müller: Dessa forma, é uma tarefa central da alma colocar-nos sempre de novo em contato e ligação com o maior, com Deus. C.G. Jung estabelece a referência religiosa com a alma quando diz: "Seria uma blasfêmia afirmar que Deus pode manifestar-se em toda parte, só não diretamente na alma humana". Sim, a intimidade da relação entre Deus e alma exclui de antemão qualquer depreciação da alma. Talvez seja ir longe demais falar de uma relação de parentesco; em todos os casos, porém, a alma deve ter em si uma possibilidade de relacionamento, isto é, correspondência com o ser de

Deus, caso contrário jamais poderia realizar-se uma coesão. A correspondência, *psicologicamente formulada*, é o *arquétipo da imagem de Deus*.

Às vezes penso estar sentindo que carrego por assim dizer Deus dentro de mim. Que ele está realmente presente em mim. Mas – acho eu – só posso experimentar isso se estiver em contato com minha alma. Este sentimento, esta certeza interior de que Deus está em mim, de que carrego por assim dizer Deus dentro de mim, não me pode ser transmitido por nada mais a não ser por minha alma.

Só o saber aqui não é suficiente. Só os sentimentos não bastam aqui. Tem de ser a alma que aqui se movimenta e me transmite esta certeza. Não é fantástico poder ter na alma parte com o divino, poder experimentar já agora algo daquilo que nos está reservado total e definitivamente após a morte?

Deus se revela na alma

Anselm Grün: Para Santo Agostinho, o decisivo da humanização bem realizada é a pessoa estar em contato com sua alma e ali estar aberta para Deus. Se a pessoa perde a relação com sua alma, torna-se alheia à sua verdadeira natureza. Jesus exorta seus ouvintes a entrarem em contato com sua alma: "Esforçai-vos por entrar pela porta estreita, pois eu vos digo que muitos tentarão entrar e não conseguirão. Depois que o dono da casa tiver fechado a porta, começareis a bater do lado de fora, dizendo: 'Senhor, abre-nos a porta'. Mas ele responderá: 'Não sei de onde sois'" (Lc 13,24s.). Quem vive muito tempo sem relação com sua alma não encontra mais nenhum acesso a si mesmo e à sua casa interior. Viveu ao largo de si e das pessoas. Por isso, Jesus nos exorta a vivermos dentro de nós. Caso contrário nos sentiremos algum dia excluídos da casa de nossa alma.

Só quando Deus mora em nossa alma, chegaremos realmente a nós mesmos. Os místicos gregos falavam do nascimento de Deus na alma humana. Cada alma deve tornar-se, por assim dizer, mãe de Jesus Cristo. Também isto é uma imagem de autorrealização bem-sucedida. Quando Deus nasce em nossa alma, entramos em contato com nossa verdadeira natureza, com a imagem autêntica que Deus fez de nós para si. E nós experimentamos com o nascimento de Deus em nós a força refrescante e renovadora que nos advém de Deus.

Wunibald Müller: Nos momentos em que sinto a presença de Deus em mim, posso descarregar tudo sobre minha alma. O que antes podia ocupar-me ou amedrontar-me não desapareceu. Mas eu tenho a certeza interior de que existe em mim a alma e de que, através dela, estou em contato com Deus, experimento a presença de Deus em mim. Isto me ajuda a deixar para minha alma o comando – confiar e estar convencido de que ela é mais forte do que tudo o que no momento me ocupa.

Isto não exclui para mim que a alma se manifeste e chegue a se expressar naquilo que me ocupa, naquilo que me toca, que me angustia e que talvez me torne triste. Independentemente disso, sinto minha alma como uma força que é mais forte do que tudo isso. E depende de mim deixar simplesmente tudo para ela, confiar completamente nela. E porque posso sentir nela e através dela a presença de Deus e porque, em última análise, estou ancorado nela, posso confiar minha vida à sua orientação.

Anselm Grün: A alma fala no Novo Testamento da relação da pessoa com Deus. Esta relação interior da pessoa com Deus é mais importante do que a vida exterior. Não pode ser destruída por feridas humanas. Isto Jesus tem em mente quando, ao mandar ao mundo os discípulos, recomenda: "Não tenhais medo dos que matam o corpo mas não podem matar a alma. Deveis ter medo daquele que pode fazer perder-se a alma e o corpo no inferno" (Lc 11,28). As pessoas podem ferir nosso corpo. Com isso entende-se também nossa psique no sentido psicológico. As pessoas me ferem psiquicamente quando me criticam com palavras, quando me humilham, quando me expõem ao ridículo ou quando tocam em meus pontos fracos.

Mas não preciso temer esses ferimentos externos que só vão até o campo emocional. É a Deus que devo temer e levar a sério. Só ele pode fazer perder-se a alma no inferno. O temor de Deus me leva ao contato com minha alma. E lá, na minha alma, no campo mais íntimo de meu si-mesmo, as pessoas não têm acesso. Lá não podem penetrar as palavras ofensivas. Lá ninguém consegue magoar-me. O importante é salvar a alma (psique) como o autêntico si-mesmo, como o íntimo da pessoa, como o verdadeiro núcleo pessoal.

Wunibald Müller: Acredito que minha alma cuida para que o contato externo se torne o contato com um maior, com Deus, com um acontecimento interior. Pressinto e sinto também a união com o divino. Por isso é sempre importante estar em contato com minha alma. Vivenciá-la como fundamento que me dá segurança e firmeza. Ocorrem-me aquelas significativas palavras de C.G. Jung:

> Muito poucos experimentaram que a imagem de Deus é propriedade da própria alma. Um Cristo só lhes veio ao encontro exteriormente, mas nunca a partir de sua própria alma. [...] Enquanto a religião permanecer uma fé e forma exteriores e a função religiosa não for uma experiência da própria alma, nada de profundo aconteceu. É preciso entender que o *mysterium magnum* não existe só em si, mas que está fundado especialmente na alma humana.

Portanto, duas coisas são importantes: a orientação e ancoragem fora de mim, por exemplo em relacionamentos, e a orientação e ancoragem em algo maior. Ambas as coisas são apoio na luta vitoriosa da vida, nas experiências de depressão ou angústia. Recebemos firmeza e um sentimento de união.

Por isso tenho grande reserva diante de certos líderes espirituais e gurus que, pelo fato de admitirem que estão numa proximidade especial do divino, do sagrado e do misterioso, são alvos, como substitutos da ancoragem não efetuada no misterioso, em Deus, e se não prestarem uma atenção severíssima acabam destruindo esta tomada de contato, apresentando-se a si mesmos como ponto de ancoragem do maior, de Deus. Em vez de canalizadores da energia divina, esta é bloqueada ou represada por eles. A energia que vem dos deuses, de Deus, que nos deve alimentar, precisa refluir sempre de novo para sua origem a fim de manter a circulação divina que é responsável pela experiência da união com o misterioso. Se ficar "presa" no guru, ela o incha. O fiel é privado com isso de seu próprio abastecimento. Rompe-se assim também a circulação divina e consequentemente a união com o divino.

Anselm Grün: Minha experiência é que muitas pessoas fogem de sua alma, aderindo a um guru. Ao invés de se deixarem convidar pela própria alma, em vez de se relacionarem com o ilimitado, com o misterioso, preferem seguir um guru. O guru torna-se para eles o substituto do relacionamento com o ilimitado. Acreditam ter parte na sabedoria do guru.

Segundo Irwin Yalom, muitas pessoas acham que podem fugir de seu medo da morte, aderindo a um guru. Quando estão a seu lado, esperam ter parte em sua força. Isto as dispensa da tarefa de encarar o medo da própria morte. E Yalom ainda menciona outro método para fugir do medo da morte: a pessoa se sente como algo especial. A pessoa se coloca acima dos outros.

Quando estou em contato com minha alma, tenho a sensação de ser único e singular. Toda pessoa é uma palavra única que Deus só pronunciou para dentro dessa pessoa. Mas ser único e singular é outra coisa do que sentir-se algo especial e olhar os outros de cima para baixo. Sinto-me como algo especial ao me isolar dos outros e me colocar acima deles. Isto é uma fuga da própria alma. Eu me encho de vaidade porque não estou disposto a ouvir minha própria alma.

A alma como lar da oração

Wunibald Müller: "A alma tem seu lar onde se reza. A oração é a morada da alma", diz Abraham Heschel.

> Na oração, sobretudo na oração do *Painosso*, encontra um lar minha alma. Na oração encontra minha alma desabrigada, amedrontada, sem lar, um lugar onde pode experimentar proteção, descanso e segurança. Na oração, que me eleva até Vós, meu Deus, que vos tributa honra e louvor, sou unido a Vós, o lar de minha alma torna-se o vosso lar, fazeis morada em mim. Na oração entro na casa como suplicante e estranho, mas volto de lá como testemunha e parente próximo.

Sem oração, minha alma fica sem lar, perde a continuidade, a estabilidade, a intimidade, a seriedade. A palavra inglesa para estabilidade, *permanent*, é exemplificada no dicionário com "as crianças precisam de estabilidade e segurança". Assim, minha oração comunica, à minha alma e a mim, estabilidade e segurança. Esta se fundamenta em Deus, que é minha última segurança, no qual está ancorada minha alma e eu também.

Anselm Grün: Filosoficamente, a alma é a forma do corpo, a forma que configura o corpo. Quando dizemos que a mulher é a alma da casa, queremos significar também que ela mantém unido o interior de toda a casa. Ela irradia um humor que marca toda a casa. É a responsável para que todos os que entram na casa e lá se demoram se sintam bem. Ela determina o espírito reinante na casa.

Para Jesus, a oração é o caminho de entrarmos em contato com nossa alma e fortalecê-la diante das forças e poderes deste mundo. Jesus fala da oração constante. Quem está em oração está também em contato com sua alma. O caminho espiritual é o caminho da alma. Para Agostinho, rezar significa entrar em contato com o desejo da alma. Quando rezo, sinto que não me perco no agir exterior, no êxito ou no insucesso, nas relações bem-sucedidas e fracassadas. Em mim há um outro mundo, o mundo divino, no qual minha alma está em casa. Lá posso morar, mesmo quando as pessoas me negam o direito de morar aqui. Lá posso viver, mesmo que aqui inimigos me importunem. Lá floresce minha alma. E ninguém pode cortá-la ou limitá-la. Jesus contou uma bela parábola em que fala da relação da oração com a alma. É a parábola do juiz iníquo e da viúva, no Evangelho de Lucas (18,2-8):

> Havia numa cidade um juiz que não temia a Deus e não respeitava ninguém. Havia lá também uma viúva que o procurava, dizendo: "Faze-me justiça contra o meu adversário". Durante muito tempo o juiz se recusou. Por fim disse consigo mesmo: "Embora eu não tema a Deus e não respeite ninguém, vou fazer-lhe justiça, porque esta viúva está me aborrecendo. Talvez assim ela pare de me incomodar". Prosseguiu o Senhor: "Ouvi o que diz este juiz perverso. E Deus não fará justiça aos seus eleitos, que clamam por ele dia e noite, mesmo quando os fizer esperar? Eu vos digo que em breve lhes fará justiça".

Podemos explicar esta parábola de diversas maneiras. Pode-se entender a mulher como imagem da comunidade cristã perseguida no final do século I ou como tipo de uma pessoa que não tem *animus*, que não sabe se virar, que está exposta, sem proteção, aos ataques dos inimigos e não tem instância alguma à qual possa se dirigir. Mas a viúva pode ser também uma imagem da alma. Assim como vemos as personagens na interpretação dos sonhos como parte do próprio si-mesmo, poderiam a viúva, o adversário e o juiz serem partes de nossa psique. A viúva representa então a alma. A alma, os impulsos interiores, a sensação de que temos um brilho divino, de que temos uma vocação e missão únicas, de que somos algo especial. A alma abrange os sentimentos mais profundos de que somos capazes, onde se expressa nossa singularidade. A alma – assim nos diz a parábola – é oprimida pelo adversário. Os adversários podem ser os modelos de vida, pelos quais pautamos nosso agir, mas que nos impedem de viver a partir de nossa alma. Podem ser nossas faltas e fraquezas que nos oprimem. Podem ser também pessoas que nos querem confundir e utilizar, que nos cegaram com suas imagens e nos impuseram uma camisa de força, um leito de Procusto em que vamos perecer. Pode ser a cidade em que vivemos, nossa realidade cotidiana, o mundo de nosso trabalho, nossas relações, nossa família e nosso círculo de amigos. Além do adversário, existe ainda um juiz. O juiz diz de si: "Eu não temo a Deus e não respeito ninguém" (18,4). O juiz representa o superego no qual se internalizaram as vozes dos pais. Existem obviamente também vozes positivas dos pais que gostariam de mostrar-me o caminho a fim de que minha vida tivesse êxito. Mas aqui trata-se de um superego rigoroso, que não tem interesse algum em querer o bem de nossa vida. É arbitrário e cruel. Gostaria de nos atormentar e rebaixar. Não se interessa em absoluto pelo bem-estar. Despreza as pessoas. O superego também não teme a Deus. Ele mesmo se transforma em ídolo, em instância suprema. Mas esta instância é desumana. Só se interessa por sua própria sobrevivência, mas não pelo bem da alma. O superego não leva em consideração as necessidades da alma. Não tem nenhum respeito por nossa dignidade. É sem alma e assassino da alma. Este juiz interior fala à alma em nós: "Não pense que você tem um valor especial. Abandone seus grandes sonhos de vida. Acomode-se apenas. Contente-se com o que existe. Mais do que isto é impossível. Tire da cabeça suas ilusões. A vida é simplesmente assim. Mais não há. Você não é nada. Você não pode nada. Sua vida jamais terá êxito. Assim é. Você precisa se conformar. Não pergunte pelo sentido de sua vida. Ele não existe".

Pelas circunstâncias externas, a viúva não tem chance alguma. Não tem *lobby* a seu favor. Indefesa, está entregue ao adversário. Mas ela luta por si e por seu direito à vida. O juiz, no entanto, não se importa com o direito. Age arbitrariamente. A viúva, porém, não desiste. E o inesperado acontece: a fraca viúva move o juiz a fazer-lhe justiça, porque ele, o homem poderoso, tem medo de que a viúva venha, em sua persistência, a bater-lhe talvez no rosto. Em grego está literalmente: ele tem medo de que a viúva lhe deixe o olho roxo com um tapa. Andar por aí com um olho roxo seria vergonhoso para o juiz. Por isso cede ao pedido da viúva. Com esta parábola, Jesus diz que a oração é o caminho para fazer justiça à alma em relação ao adversário e anular o poder do juiz iníquo. Na oração entramos em contato com nossa alma. Ali os pressentimentos interiores da alma recebem justiça. Ali nossa alma se levanta. Sentimos que somos algo único e singular, que somos divinos, que temos parte na natureza divina, que temos um horizonte amplo, um brilho divino que ninguém nos pode tirar. A alma nos ensina que o nosso interior contém uma riqueza imensa de possibilidades.

Entrar em contato com a alma no silêncio

Wunibald Müller: Podemos entrar em contato com nossa alma também no silêncio. "A única voz de Deus é o silêncio", diz Melville.

Num dos mais belos textos de Thomas Merton, lê-se numa passagem de quando está entre os noviços:

> De todos os lados sou assediado por perguntas que não consigo responder, porque o tempo para responder ainda não chegou. Entre o silêncio de Deus e o silêncio de minha própria alma, está o silêncio das almas que me foram confiadas. Mergulhado neste tríplice silêncio, compreendo que as perguntas, que por sua causa me coloco, talvez nada mais sejam do que uma presunção. E a renún-

cia mais urgente e mais apropriada seja a renúncia a todas as perguntas.

Nesta passagem, Thomas Merton diz algo essencial sobre a alma. A alma se abre para mim no silêncio. Somente no silêncio obtenho o pressentimento e a impressão mais profunda daquilo que significa alma.

No silêncio, quando tudo silencia em volta de mim e em mim, acontece uma purificação em meu interior, quando é removido tudo o que se depositou sobre a alma. Agora sinto minha alma. Praticamente só existe ela. Ao sentir minha alma, sinto-me em minha profundidade. Sinto-me como se estivesse constituído só de alma. Você conhece essas experiências? Para você, o silêncio faz parte de sua vida de monge e você o pratica com muito mais frequência do que eu.

Anselm Grün: Sim, para mim o silêncio é um espaço importante para entrar em contato com minha alma. Fico contente porque as três primeiras horas do dia são de silêncio. Não é um silêncio absoluto, pois rezamos os salmos, medito na minha cela diante de um ícone de Cristo e celebramos a Eucaristia. E, após o café da manhã, leio com toda tranquilidade. Nas três primeiras horas não falo com ninguém. Essas três horas são para mim qual fonte em que posso me abastecer. Fazem bem à minha alma. E quando, após alguma conferência, volto à noite de carro para casa, ouço inicialmente o noticiário sobre o trânsito para escolher o melhor trajeto. Depois, entrego-me ao prazer de dirigir em silêncio durante a noite. No silêncio surgem-me várias ideias que fecundam meu pensar e escrever. Não penso com esforço, mas entrego-me ao sossego. Surgem então ideias por si, que vou perseguindo. No sossego tenho a impressão de ser livre, de que ninguém tem acesso a mim, de que tenho um espaço e um tempo sagrados que só a mim e a Deus pertencem, em que minha alma respira.

Gosto da expressão de Kierkegaard: "Banha tua alma no silêncio!" O silêncio é como um banho para a alma. Ali ela é limpa por assim dizer de tudo que sempre de novo ameaça sujá-la, das emoções negativas que se precipitam de fora sobre ela, da "camada de pó" que se depositou sobre ela através das preocupações e problemas de todo dia. Minha alma precisa sempre de novo desse banho do silêncio para ser interiormente purificada e revigorada.

Wunibald Müller: Se eu deixar isto atuar sobre mim, se nós falarmos assim sobre a alma, mas sobretudo se eu me permitir o luxo e calar, faço experiências em que bem fundo em mim um lado será tocado e satisfeito. Ali vivencio minha profundidade, experimento satisfação, sinto serenidade. São momentos em que sou feliz sem querer, em que não preciso de mais nada. É simplesmente bom assim como é.

A alma é para mim também a luz que constitui minha consciência e que ilumina meu inconsciente. Sinto às vezes minha alma como luz que arde em mim, que me ilumina e me esquenta. Mas há momentos em que tenho a impressão de que esta luz só arde bem fracamente em mim e que está quase se apagando. Então é hora de lhe dar mais atenção, de estar aberto para que a luz em mim, minha alma, arda, ilumine. Que ela resplandeça para mim, arda para mim e enquanto me dá luz, me ilumine, por exemplo, para decisões importantes. Ou que brilhe através de mim na maneira como sou, como estou presente, como encontro os outros, como irradio.

Sinto ao mesmo tempo que esta luz em mim é uma luz que sempre arde e sempre ilumina, mas que recua para o plano de fundo por causa das muitas coisas que me ocupam, quando estou maquinando, e é encoberta por coisas momentâneas, por aquilo que, no instante atual, cobra minha atenção. Até que me concentre de novo nessa luz, entre em contato e viva a partir dela; venha à luz do dia, pense, decida.

Anselm Grün: Evágrio Pôntico, o psicólogo dos primitivos Padres monacais, escreve que o monge que alcançou a *apáteia*, que ficou livre do aprisionamento patológico em seu *pátos*, em suas paixões, contempla sua luz interior. Esta imagem de alguém que experimenta seu núcleo interior como luz, como safira reluzente, surge sempre de novo na mística dos monges primitivos. Quem contempla sua luz interior tem sua alma totalmente penetrada e perpassada por Deus. É, em última análise, a luz de Deus que o ilumina.

Quando reconhecemos nossa alma como luz, trata-se então, em última análise, sempre de que nossa alma é iluminada por Deus. E assim pode ser para nós lâmpada em nosso caminho. Traz claridade em nossa vida. Joseph von Eichendorff disse certa vez de uma pessoa: "Toda sua alma clara estava no olhar". Ele via nos olhos claros a alma clara que brilhava através dos olhos. Nossos olhos mostram se nossa alma está clara. Isto já o viu Jesus quando diz: "Teu olho é a lâmpada do corpo. Se teu olho for sadio (*haplous* significa propriamente: simples, sem segundas intenções), todo o corpo ficará iluminado, se for doente, também o corpo estará no escuro. Cuida, pois, que a luz que está em ti não seja escuridão" (Lc 11,34s.). Há pessoas que têm um olhar tão claro que sua alma nele transluz. Fazem-nos bem tais pessoas.

Podemos reconhecer também em algumas obras de arte esta claridade da alma. Quando contemplei um quadro de Maria, em Colmar, pintado por Martin Schongauer, senti a claridade no rosto de Maria. Também quando observo e admiro os quadros de Fra Angelico, encontro a delicadeza, a transparência, a pureza que certamente estavam no próprio artista. Caso contrário, não poderia ter pintado tais quadros. Nos quadros não vejo apenas a alma pura do artista, mas uma claridade interior que ultrapassa a alma individual. Ao contemplar um quadro assim, entro em contato com minha própria alma, com o íntegro e puro que também está em minha alma, muitas vezes oculto sob todo tipo de entulho que se depositou em cima. Ao contemplar uma obra de arte, consigo ver, através da camada de entulho, o chão limpo de minha alma.

É o chão em que mora o próprio Deus. Se eu estiver em contato com esta alma limpa e clara em mim, torno-me também permeável a Deus para fora. Não dissimulo mais Deus com minhas segundas intenções. Minha alma brilha através de mim. Meu desejo é que minha alma brilhe sempre mais através de mim e assim se torne luz, para que o mundo fique mais claro a meu redor.

Wunibald Müller: Posso experimentar a presença de Deus em mim como luz interior que me desperta para meu verdadeiro si-mesmo e me transforma.

Quando, sábado à noite, na oração da noite das freiras de Casteller Ring, no Schwanberg, acompanho o canto: "Ó luz da luz..." e chego à passagem: "Nós ansiamos por teu dia em que nos aparecerás na luz", pode acontecer então que sinta minha alma bem intensamente, que Deus a toca e que meu desejo de Deus quase me domina por completo. Um santo contemplativo me arrebata. Sinto a proximidade do santo Deus, do qual se diz no canto: "Antes de qualquer começo, és nascido Deus, indizivelmente grande". Sinto nesse momento quão inexplicável, inconcebível é aquele que, sobrepujando todo pensar e analisar, diz de si: "Eu sou aquele que sou". Aquele que eu posso experimentar neste momento no fundo de minha alma como estando presente, como luz que brilha em mim e me ilumina. E, assim espero eu, também brilhe através de mim para fora.

Vivencio como um grande enriquecimento quando encontro pessoas junto às quais tenho a impressão de que vivem da proximidade experimentada de Deus. Delas sai uma força, uma aura, uma energia, uma luz que nasce em sua alma.

Parte IV

Cada um de nós só tem
uma vida

Anselm Grün: Toda pessoa é uma ideia de Deus. Deus faz para si de cada pessoa uma imagem que só vale para esta pessoa. O ser humano não começa pela geração através de homem e mulher, mas recebe seu começo no próprio Deus. A alma exprime, pois, algo do caráter exclusivo da pessoa em Deus e de sua singularidade.

Wunibald Müller: Na alma sou eu mesmo em grau máximo, minha singularidade se expressa de maneira insuperável. A alma é o mais pessoal de meu si-mesmo. Minha alma se expressa em minha autoconcepção, naquilo que me constitui em última análise. Esta compreensão vem marcada decisivamente também por minha alma. Quanto mais minha alma se expressa em minha autocompreensão, tanto mais sou eu mesmo.

A alma estará sempre de novo interessada em que eu chegue a me expressar através de mim, através daquilo que vejo no mundo, através do que C.G. Jung chama de nosso próprio mito. A alma vai estimular-me sempre de novo a fazer correções quando me afasto de meu mito, de quem eu devo ser e do que devo fazer. Isto poderia, dito espiritualmente, significar agora para mim tornar-me sempre mais aquele a que fui chamado e destinado, portanto tornar-me sempre mais conforme a ideia de Deus.

Assim estou bem orientado para escutar sempre de novo minha alma, estar sempre de novo em contato com ela, dar-lhe, sempre de novo, licença internamente para que assuma a direção em minha vida, configure minha vida, para que eu aborde e sustente minha vida a partir de minha alma. Se colocar a vida sob sua bênção, posso confiar que ela vai apoiar-me e conduzir-me na realização e configuração de minha vida. Quando as coisas apertarem, ela me dará coragem para atravessar as estreitezas. Se cair, ela me ajudará a levantar, a prosseguir, a andar meu caminho. O caminho decidido conjuntamente com minha alma é, de certa forma, predeterminado. Assim mesmo pode acontecer que entre por caminhos errados, que me perca, que siga falsas estradas em vez daquelas indicadas por minha alma. As experiências que ali faço vão levar-me novamente mais perto do verdadeiro e, com isso, também mais perto de minha alma.

Anselm Grün: O que você descreve corresponde à concepção da filosofia estoica do si-mesmo singular da pessoa. Para a filosofia estoica, o *autós* designa o si-mesmo, o santuário interior da pessoa, o espaço interior que descrevemos como alma. Este núcleo interior quer levar-nos a ser autênticos, a sermos totalmente nós mesmos, a chegar a uma concordância com nossa natureza mais íntima. Através do autoconhecimento, a pessoa deve entrar na área sagrada de seu verdadeiro eu. Lá ninguém a pode ferir. Lá está em concordância consigo mesma e também com Deus. Para a filosofia estoica, a meta da pessoa consiste em atingir a concordância com a natureza e, em última análise, com Deus. O acesso à alma é, para a *stoá*, o caminho da concordância interior com o verdadeiro si-mesmo e nisso também com Deus. Quem encontra acesso a seu verdadeiro si-mesmo está livre da expectativa das pessoas. Também não será atingido por difamação ou palavras ofensivas. Pois essas palavras vêm de fora. Quem é rico na alma – assim diz Epicteto e, com ele, João Crisóstomo – não pode ser assustado pela pobreza exterior. Pois em sua alma possui tudo de que precisa. Ali, é um consigo mesmo e com Deus.

Por isso, o caminho para dentro da própria alma, para o verdadeiro si-mesmo, é sempre também um caminho para a liberdade e ao mesmo tempo para a gratidão. Pois, lá na alma, descubro tudo o que Deus me deu. Deve, pois, o ser humano agradecer a Deus tudo o que Ele lhe proporciona, a beleza da criação, os instrumentos que coloca à sua disposição, sua visão e seu ouvido, mas sobretudo os benefícios da alma.

Wunibald Müller: Quando alguém diz que perdeu sua alma, pode isto significar que perdeu sua autenticidade. Thomas Merton, de quem já falamos mais vezes aqui, diz muito bem: santidade significa tornar-se aquele para o que foste chamado e determinado a ser. Quem não se torna ele mesmo não vive.

Marco Aurélio, o filósofo-imperador, mostra que é também um conhecedor da alma quando escreve:

> Desgasta-te tranquilamente, desgasta-te em ti mesma e violenta-te, minha alma; mais tarde não terás mais tempo para te estimares e respeitares. Pois *uma vida*, uma só, tem cada qual. Ela quase já se escoou para ti, e não tomaste nela nenhuma deferência por ti, mas agiste como se em tua felicidade se tratasse de outras almas. [...] Aqueles, porém, que não seguem atentamente os movimentos da própria alma são inevitavelmente infelizes.

Anselm Grün: Aqui preciso pensar nas palavras de Jesus no Evangelho de Marcos: "Quem quiser salvar a sua vida vai perdê-la; mas quem perder a sua vida por amor de mim e pela causa do Evangelho há de salvá-la. O que adianta alguém ganhar o mundo inteiro, se vier a se prejudicar. Ou o que se pode dar em troca da sua própria vida?" (Mc 8,35-37).

Poderíamos entender essas palavras também assim: quem quiser possuir sua interioridade, quem quiser conservar para si seu coração, vai perdê-lo. A alma, o coração, a sensação interior pelo verdadeiro não podem ser possuídos nem aprisionados. Se seguirmos a Cristo e se nos abrirmos ao Evangelho, entraremos em contato com nossa alma. A alma é a pérola preciosa por amor da qual devemos vender tudo. Pois não podemos comprar a própria alma. Se o mundo ficar importante demais, perderemos nossa alma por causa dele. E então é tarde para comprá-la de volta. Só quem tudo abandona entra em contato com sua alma. E na alma está a verdadeira riqueza que nos dará o descanso para sempre. Na alma estão a pérola preciosa e o tesouro no campo, imagens do verdadeiro si-mesmo, da imagem única que Deus fez para si de cada um de nós.

A alma muda nosso destino

Wunibald Müller: A alma pode ser entendida como a totalidade de uma pessoa, criada na presença de Deus. Para Agostinho, o autoconhecimento é o primeiro passo para o conhecimento da alma por Deus. Segundo Henri Nouwen, não posso conhecer a Deus enquanto não tiver conhecido a mim mesmo. "Somos ao máximo nós mesmos quando somos o mais semelhantes a Deus", diz ele.

Cada um de nós precisa encontrar seu próprio mito, seu próprio destino, ou, como diz Romano Guardini, "sua própria senha". Na transformação de nosso destino na vida concreta, nossa alma deve manifestar-se. Quanto mais concordar com nossa alma aquilo que fazemos, como entendemos nossa vida, mais satisfeitos estaremos, tanto maior êxito terá para nós a realização de nossa alma, apoiando-se no conceito de autorrealização.

Em última análise, é a alma que pode manifestar-se em nossa vida. Ela não se cansa de indicar-nos sempre de novo o que é preciso fazer para que ela se manifeste. Mas também não se deixa incomodar se não correspondermos a isto e, sempre de novo, nos lembrarmos do que ela quer e o que, visto assim, também nosso mais íntimo quer. Isto pode ir tão longe que ela nos dá uma rasteira que faz de nós uma figura ridícula, que nos deixa entrar na mais profunda crise, para que acordemos, voltemos atrás, até que persigamos de novo aquele rasto que nos leva outra vez mais perto daquilo que corresponde à alma, daquilo que a alma quer.

Estamos bem aconselhados a ficar em contato sempre renovado com nossa alma; com nosso mais íntimo, escutar o que nossa alma nos diz, deixar-nos guiar por ela, confiar em que ela nos quer levar para onde nosso mais íntimo deseja chegar, aonde nós, naquilo que nos constitui mais profundamente, desejamos e também devemos chegar. Isto vale, sobretudo, quando a alma nos quer lá contra o que se opõe nosso eu consciente, ou quando isto significa ter de corrigir um caminho até agora trilhado.

Por outro lado, sinto minha alma como uma força que, por mais que esteja ligada a nosso corpo e a nossos sentimentos, também pode existir e atuar independente deles. Conheço situações em que talvez me sinta muito triste, em que considere meu estado como sem saída, ou em que sou totalmente desafiado por uma situação difícil que exige de mim decisão imediata. Posso avaliar melhor esta situação se me concentrar neste momento inteiramente em minha alma. Entregar a ela neste momento a direção completa. Sinto então que em tudo que me aflige, que poderia inclusive levar-me a um estado de pânico, existe em mim um espaço, uma força que está acima disso, que não é afetada por isso. Às vezes trata-se de um vaivém. De repente, sinto esta força, esta constante em mim. Mas, de súbito, se instala de novo a inquietude que avança contra a força, que me leva ao medo.

Anselm Grün: A mim ajuda por exemplo, quando, após o almoço aos domingos, tenho tempo livre para mim e simplesmente escuto o meu interior. Não penso nas coisas que me esperam na semana seguinte, nos prazos que tenho de cumprir, nas tarefas que têm de ser feitas. Volto-me simplesmente para dentro de mim, tento morar em minha alma. Isto me dá conforto e segurança. Mesmo que aflorem sentimentos tristes, não me perturbam. Eles podem existir. Sim, eles inclusive me levam mais para dentro de minha alma. Mas lá, no chão de minha alma, é sossegado. Estou totalmente comigo. Ali há algo sobre o qual ninguém pode mandar. Ali sinto a união com Deus. Ali há algo em mim que me ultrapassa, que é maior do que eu. E este algo é a alma, o ponto de contato entre Deus e eu, o espaço que Deus preenche dentro de mim. Sinto então o que significa a expressão "paz da alma". Minha alma chega à paz. E minha alma é o espaço em que sinto paz e tranquilidade.

Wunibald Müller: O quanto a força da alma pode assumir o comando em determinados momentos de nossa vida, descreve o psicólogo analítico americano Robert Moore bem plasticamente no seguinte exemplo:

Um homem de meia idade contou o que lhe aconteceu durante um desastre rodoviário. Descia de carro uma ladeira. À sua frente seguia um carro que parou no final da ladeira, diante de um sinal de trânsito vermelho. De repente, ao frear, entrou num pedaço da estrada coberto de gelo. Os freios falharam e seu carro voou como foguete colina abaixo. Entrou em pânico quando percebeu que ia bater na traseira do carro parado à sua frente. Aconteceu então algo extraordinário: uma mudança em sua consciência. Pareceu-lhe de repente que tudo se movia em câmara lenta. O homem sentiu-se calmo e seguro. Tinha "tempo" agora para colocar em ordem seus pensamentos, quais as possibilidades que lhe restavam. Foi como se um computador tivesse assumido a responsabilidade, outro tipo de inteligência dentro de seu si-mesmo. E uma "voz" dentro dele lhe dizia para soltar o freio do pé, bombear algumas vezes e virar o carro o quanto possível para a direita. Assim atingiria de lado o carro à sua frente, minimizando o choque, e conseguiria parar aos poucos sobre os montes de gelo ao lado da estrada. O homem realizou com pleno êxito a manobra.

O "si-mesmo", como é entendido pela psicologia analítica, lembra-me também a alma. Fala-se que o si-mesmo possui algo como um núcleo, que abrange tudo. Fala-se também que a partir desse núcleo se estende um desenvolvimento sobre o eu. "Isto é sentido às vezes como um rasto ou como uma voz suave, porém mais nítida que a voz de um conselheiro, afirmando, atraindo, negando, mas nunca forçando", diz Josef Goldbrunner referindo-se a esse processo. Este conselheiro interior é convocado por experiências em situações críticas e de importância vital: "antecipadamente, para despertar do sono o cerne da psique". E nosso eu está bem aconselhado para escutar esta voz interior. Josef Goldbrunner crê que "o eu fica mais cuidadoso, mais humilde para com a voz cheia de pressentimentos que vêm de cima, em uma palavra – fica mais maduro".

Anselm Grün: Conheço a experiência relatada por Robert Moore. Quando não encontro solução com meu pensar e devanear e quando reconheço minha impotência de ajeitar-me com esta situação, acontece às vezes que fico bem quieto em meio à impotência e vem-me, da profundeza, um pressentimento de como tudo deve persistir. Neste momento, a alma assume o leme em mim. E ela é como um espaço onde se encontram soluções criativas. Minha alma sabe a resposta, ao passo que minha cabeça com seus devaneios não progride.

A alma como princípio
unificador original

Wunibald Müller: Na psicologia existiu e existe a tendência de decompor a pessoa em diversas partes individuais como, por exemplo, em vista de suas sensações, motivações, percepções, desejos, anseios e motivações. Com isso, acontece de a alma que está contida na palavra grega psicologia sair do foco. Mas isto, eu acho, é uma pena. A psicologia faz bem em preocupar-se cada vez mais com a alma. Deve permitir ser interrogada, quando se descuida da alma, se ela não destronou ou desmitificou aquilo que de mais precioso tinha para oferecer.

Anselm Grün: Já C.G. Jung combate uma psicologia sem alma e defende uma psicologia com alma. Com isso pensa numa psicologia em que a alma é aduzida por um princípio espiritual. "A alma é por si e em si um ser inespacial, e, pelo fato de ser antes da existência corporal e após ela, também é 'intemporal' e praticamente imortal."

Jung está consciente de que esta concepção é uma ilusão para uma moderna psicologia científica. Mas, apesar disso, reconhece como empírico o fato de a alma ultrapassar tempo e espaço. Fenômenos como a telepatia falam em favor dessa "intemporalidade e inespacialidade" da alma.

Wunibald Müller: Também os teólogos não parecem confiar na eficácia e nos efeitos da alma. Assim escreve Jung no livro *Memórias, sonhos e reflexões*:

> Tratando-se de vivências interiores, ao despontar o que há de mais pessoal num ser, a maioria é tomada de pânico, e muitas vezes foge. Foi o que aconteceu com o nosso teólogo. Naturalmente, sei muito bem que os teólogos se encontram numa situação mais difícil do que os outros. Por um lado, estão mais próximos do plano religioso, mas, por outro também, são mais ligados pela Igreja e pelo dogma. O

risco da experiência interior, da aventura espiritual, é estranho à maioria das pessoas. A possibilidade de que se trate da realidade psíquica é anátema. É preciso que haja um fundamento "sobrenatural" ou, pelo menos, "histórico". Mas, e quanto a um fundamento psíquico? Diante desta questão explode às vezes um desprezo pela alma, tão imprevisto quanto profundo (compilação de Aniela Jaffé, tradução de Dora Ferreira da Silva).

Tem-se às vezes a impressão de que, nessas restrições à alma, psicologia e teologia andam de braços dados. Como se tivessem medo que, se concedessem à alma a importância que lhe é própria, se a considerassem realmente como um princípio criador de vida, tudo o que haviam concebido ficaria de pernas para o ar.

Talvez percebam também que da alma sai uma força e um poder que, em última análise, é incalculável. Existe, pois, segundo minha opinião, uma ligação entre o Espírito Santo e a alma. Segundo a compreensão bíblica, o Espírito Santo é uma força de Deus, que torna a pessoa realmente sábia. É uma força que, através da alma e de seu agir, traz alguma confusão e agitação.

Também para algumas coisas que os psicólogos e teólogos cranearam. Se esta força divina na alma possuísse uma dinâmica tal que não se deixasse frear nem despotencializar, gostaríamos assim mesmo de nos esforçar deveras por isso?

Anselm Grün: Estou convencido de que a alma sempre de novo consegue espaço para si. Mesmo que fique relegada por muito tempo, ela pede a palavra. Pede a palavra numa terapia, quando indica aos pacientes um outro plano que é inacessível a métodos puramente psicológicos. Também pede a palavra na teologia, quando temas que foram deixados de lado de repente se forçam de novo para o ponto central.

Wunibald Müller: As pessoas percebem que a psicologia e a teologia de hoje se tornaram em boa parte sem alma. Isto também explica seu interesse pelo espiritual. Pois muita coisa do que se veicula hoje como espiritualidade nada mais é do que parte da psicologia moderna.

Anselm Grün: Um sinal de que a teologia esqueceu a alma é, segundo minha opinião, a tradução da Bíblia. Antigamente sempre se traduzia *psyche* no Novo Testamento por "alma". Por medo de se pensar unilateralmente na alma, que após a morte vai ao céu, traduziu-se nos últimos trinta anos *psyche* quase sempre por "vida".

Gostaria de relacionar apenas poucos exemplos e completar com a palavra "alma" as passagens correspondentes. Em Marcos se lê: "Quem quiser salvar sua vida (*psyche*, sua alma) vai perdê-la. Mas quem perder sua vida (sua alma) por amor de mim e pela causa do Evangelho há de salvá-la. O que adianta alguém ganhar o mundo inteiro se vier a prejudicar sua vida (sua alma)?" (Mc 8,35s.). A *psyche* é naturalmente o suporte da vida. Mas *psyche* significa também na Bíblia o suporte do verdadeiro si-mesmo. Quem quiser salvar sua alma significa então: quem quiser conservar seu si-mesmo; quem quiser passar pela vida em brancas nuvens; quem só gira em torno de si mesmo. Eu devo perder-me, perder minha alma pelo Evangelho, por Jesus Cristo, o que significa: devo entregar-me totalmente ao Evangelho. Então ganharei minha alma. Então entrarei em contato com a pessoa interior, com o verdadeiro si-mesmo. Na última frase fica isto mais claro ainda. Se traduzirmos *psyche* por vida, a frase fica vazia. Quem ganha o mundo inteiro perde muitas vezes o contato com sua alma. C.G. Jung acha que a riqueza fortalece a máscara que a pessoa se coloca. Isto pode levar a que não esteja mais relacionada com sua alma. Não se consegue mais atingir o coração dessa pessoa.

Outro exemplo. Jesus termina seu discurso sobre as aflições que nós como cristãos haveremos de experimentar neste mundo com a frase: "Pela vossa perseverança, salvareis vossas vidas" (Lc 21,19). Literalmente, porém, soa assim: "em vossa paciência, ganhareis vossas almas". O texto latino diz: "*In patientia vestra possidebitis animas vestras*" (Em vossa paciência possuireis vossas almas). Isto tem outro significado. Se perseverarmos na perseguição e na acusação, se ficarmos em nós, teremos acesso à nossa alma. A aflição externa quebra nossa segurança, nosso prestígio, mas pode conduzir-nos para o interior. Algo semelhante pensa Paulo, quando diz: "Ainda que o ser humano exterior se decomponha em nós, o ser humano interior se renova dia a dia" (2Cor 4,16). A alma é o domínio interno em que ninguém nos pode machucar. É precisamente a aflição exterior que nos pode convidar a voltar-nos para dentro, para o espaço interior do sossego, para o espaço de nossa alma, onde Deus mora. Lá ninguém nos pode importunar, condenar ou ofender.

Esta doutrina teológica da alma não é simplesmente abstrata. Leva, antes, a uma espiritualidade terapêutica. Pois o caminho para dentro, para o espaço protegido da alma, é um remédio contra as ofensas que se abatem sobre nós, vindas de fora. No espaço da alma já estamos sãos e salvos. Lá onde Deus mora em nós, estamos livres do poder das pessoas. Lá entramos em contato com o nosso verdadeiro si-mesmo, sobre o qual o mundo não tem poder algum.

Parte V

Encontrar a alma
no dia a dia

Wunibald Müller: O psicólogo James Hillman fala de alma-mundo, quando tentamos descobrir a alma não só em nós, mas também em nosso meio ambiente e em nosso mundo e lá a revelamos. Nossa alma não mora e age apenas em nós. Nós encontramos a alma também fora de nós, por exemplo, no encontro com outras pessoas. A maneira como olhamos para os outros, como olhamos para seu rosto, pode ser uma forma de contato de almas. Para nossa alma é importante que ela encontre também na outra pessoa um lugar onde se possa instalar.

Anselm Grün: Já falamos que uma mulher, que difunde numa casa uma boa atmosfera, é chamada de alma da casa. Mas existem muitas casas que ficaram sem alma, vazias, frias e desagradáveis. Nós gostaríamos de encontrar uma boa alma com a qual pudéssemos conversar. Mas às vezes procuramos em vão por uma alma com a qual nos une um parentesco de almas. Então, nossa alma sente-se vazia – e às vezes passa frio.

Wunibald Müller: Pessoas às quais nos liga uma amizade de almas podem tornar-se amigas íntimas. Contudo, a alma não se encontra conosco apenas em nós mesmos e nas outras pessoas, mas também no mundo em que vivemos, no nosso pequeno mundo, que determina nosso dia a dia, e no grande mundo. Ao menos deveria ser assim. Segundo Hillman, é importante, para nós, encontrar a alma no mundo em que vivemos à altura dos olhos.

A alma gostaria de sentir-se bem e em casa no lugar em que trabalhamos, vivemos e amamos. Se não for o caso, diz Hillman, ela se torna uma criança rebelde, sem sossego. Nossa alma deseja lugares de intimidade, seja dentro de nossas quatro paredes, seja na escola, na fábrica, no escritório, nas igrejas e nas cidades.

No meio do cimento e do ferro, na ofuscante luz de néon, no emaranhado de fios elétricos, cheios de técnica e computadores, nossa alma não encontra o lugar onde gostaria de se instalar. Num consultório esterilizado, onde não penetra luz natural, ladeado por uma rodovia de quatro pistas, num consultório diretamente ao lado de um ferro-velho, nossa alma não tem nenhuma chance de sobrevivência. Mas se as paredes receberem uma pintura nova e mais alegre, um tapete for colocado no chão, quadros forem pendurados na parede, a alma entra no recinto e transforma aquele lugar.

Anselm Grün: Como celeireiro, preciso estar continuamente construindo ou reformando construções já existentes. Numa conversa com um arquiteto amigo nosso ficou claro para mim que é muito importante dar alma aos lugares. Posso realizar minhas ideias burguesas na construção, mas posso também construir espaços espirituais, espaços em que minha alma respira e se sente bem, porque o espaço leva para o interior, para o sossego e ao mesmo tempo para a amplidão.

Não foi à toa que São Bento deu tanta importância ao projeto de construção de um mosteiro. Um mosteiro não é apenas uma construção funcional. É, bem mais, um sossego construído. E é um espaço que mantém unido e ordena o caos interior que os monges descobrem dentro de si. É um espaço que congrega e que, em última análise, abre para Deus. O filósofo ateu Ernst Bloch compreendeu isso, pois chamou a arquitetura de uma "tentativa de produzir o lar humano": "O envolvente produz lar ou o toca". Em toda construção com alma está inserida a esperança de se poder estar em casa, pressentir a proteção e o amparo de Deus.

Wunibald Müller: Portanto, a alma não está apenas em nós. Podemos expressar nossa alma através de nós e daquilo que criamos. O psicólogo James Hillman diz que depende de *nós* se e até que ponto nos tornamos criadores, que inspiram alma naquilo que criamos. Isto vale naturalmente de modo especial para a arte, a música, a poesia. Mas atinge também a maneira como construímos uma casa, como organizamos uma sala, como projetamos o centro de uma cidade. Você como celeireiro tem muito mais possibilidades do que eu nesse sentido. De mim flui muito de minha alma para meus escritos publicados, que considero também um modo de animação (dar mais alma) das pessoas, de contribuir para suas atitudes e modos de comportamento. Admiro em minha esposa e em minha irmã a capacidade delas de inspirar alma nos espaços.

Anselm Grün: Para mim é importante dar alma a tudo o que faço. Penso em meu trabalho na administração. Isto não é algo simplesmente desalmado. Sou responsável por colocar em tudo o que faço minha alma. Então o serviço tem graça. Então tudo é expressão de minha alma. E naturalmente gostaria de tornar visível minha alma em tudo o que construo ou reformo na abadia, de manifestar o desejo de um lugar espiritual, um espaço onde pudéssemos entrar em contato com nosso desejo de Deus, o mistério incompreensível à procura do qual andamos a vida toda. O fato de a alma dever animar tudo em torno de nós vem expresso também na parábola do fermento: "Com que vou comparar o reino de Deus? É semelhante ao fermento que uma mulher pegou e misturou com três medidas de farinha, e tudo ficou fermentado" (Lc 13,20s.). O reino de Deus é muitas vezes invisível. Mas ele penetra o ser humano todo como um fermento, nosso pensar e sentir, nosso falar e agir. O reino de Deus é como esta mulher que mistura o fermento na farinha de nossa vida diária. É a alma que toma a palavra de Deus e a mistura como fermento no todo de nossa vida. Há necessidade da abertura da alma para que o reino de Deus se possa expandir em nossa vida. Ele não fica restrito à nossa alma, mas determina nossa vida toda. O reino de Deus começa na alma, para de lá espalhar-se para todos os campos de nosso corpo e de nossa existência.

Wunibald Müller: Thomas Merton relata dos *shakers*, uma seita misteriosa americana que vivia no século XIX nos Estados Unidos, que os móveis feitos por eles eram de uma beleza extraordinariamente simples.

> O encanto especial de uma cadeira, fabricada pelos *shakers*, deve ser atribuído ao fato de ter sido produzida por alguém ca-

paz de acreditar que um anjo poderia vir e sentar-se nessa cadeira.

Para mim, isto é um exemplo de como posso dar alma a um objeto, ao meu entorno, modelando-o de tal forma que nele se manifeste alguma coisa da alma, a minha alma. Assim como o artista, o escultor, o pintor expressa em sua obra sua alma ou algo de sua alma. Se formarmos o mundo ao nosso redor de tal modo que a alma se sinta bem nele, levamos a alma para dentro do mundo. Isto se aplica também ao nosso trabalho, ao nosso mundo do trabalho.

Anselm Grün: O consultor de empresas americano, Secretan, fala hoje de *soul-management*, de "gerência de almas". Entende por isso que o diretor de empresas dá asas a seus colaboradores, ao invés de dirigir a empresa desalmadamente como uma máquina. Quem dá asas à alma de seus colaboradores vai gerar uma atmosfera de criatividade, bom humor, de humanidade e vivacidade, na qual as pessoas vão sentir-se bem.

Wunibald Müller: Dessa forma podemos dar alma a nosso meio ambiente se formos sensíveis à alma. Podemos e deveríamos estar abertos a descobrir a alma não só na natureza, mas também em nosso mundo do trabalho, em nosso prédio, em nossa estrada. Às vezes precisa tempo para isso.

"O mistério está na estação central", teria dito o artista Joseph Beuys. Quando olho a estação central de Berlim, este palácio de vidro tem algo de impressionante em si. Mas não foi certamente à construção que Beuys quis se referir. Paul Tillich escreve:

> Quando me perguntam pela prova do pecado original do mundo, costumo responder que é a própria religião, isto é, uma cultura religiosa ao lado de um mundo dessas culturas – um templo ao lado de uma câmara municipal, a Ceia do Senhor ao lado de um jantar comum, a oração ao lado do trabalho, meditação ao lado de pesquisa, *cáritas* ao lado de *eros*. A separação entre espiritual e mundano. A exclusão do mundo do espiritual e vice-versa.

Isto acontece também muitas vezes com a alma que gostamos de alocar no belo, no idílico, no bem apresentado. Nós a encontramos também ali, talvez até preferencialmente. Mas isto só não nos deve impedir de descobrir na estação central, no ambiente insalubre de um terreno de fábrica, na banalidade do dia a dia e – tanto quanto nos é possível – ali dar mais expressão à nossa alma.

Algum tempo atrás encontrei-me, na estação de Birkenwerder, com Mônica, da Congregação das Pequenas Irmãs (Kleinen Schwestern). Em dado momento de nossa conversa, perguntei-lhe o que significava para ela descobrir no dia a dia a alma. Ela morava com suas coirmãs em Hamburgo, no bairro St. Pauli, portanto entre pessoas na maioria prostituídas. Disse espontaneamente e sem demora: a experiência da amizade. Contou-me de uma colega com a qual trabalhava numa cafeteria. Irmã Mônica é responsável pela lavação da louça suja. Quando seu chefe não está satisfeito com seu trabalho porque acha que ela é muito lerda ou se comporta como boba, sua colega lhe dá um pedaço da cuca que ela vende. Não se trata das calorias do alimento, mas da solidariedade, da amizade. Irmã Mônica fala do empurrão que provém do mundo, das pessoas. Pode ser a alma, que já vive há muito tempo nas pessoas e que de repente se torna sensível, perceptível.

Importa descobrir a alma não só em si ou em lugares bem determinados, mas também no dia a dia e animar com ela o cotidiano, inclusive nosso cotidiano de trabalho. Então tomaremos o tempo de que precisamos para cuidar de nossa alma.

Encontrar a alma na música e na arte

Wunibald Müller: Um campo em que podemos encontrar nossa alma de modo primoroso e sem par, em que podemos sentir e expressar nossa alma, é a música.

Penso, por exemplo, na Sinfonia da Ressurreição, de Gustav Mahler, sua 2ª sinfonia. Quando escuto esta sinfonia, há passagens em que minha alma rejubila. É como se nesses instantes ela quisesse sair do corpo. Como se meu corpo fosse muito limitado para ela. Fico então vencido. Nessa música minha alma se abre. Ela se sente tocada por ela. É como um violino, cujas cordas começam a vibrar sozinhas durante determinada música. Na música de Mahler, minha alma começa a vibrar.

Ou penso na 5ª sinfonia de Beethoven. Sinto o começo dessa sinfonia como uma tentativa de soltar as amarras que me limitam, de romper as cadeias que me prendem. É a última e inútil tentativa de revolta contra a opressão. Soa então ao fundo aquela suave melodia em que sinto minha alma. Em meio ao tormento e à miséria, há uma melodia na base de tudo que é suave, terna e cheia de esperança. Isto é a alma. Ali sinto a alma. Isto eu o ligo à alma. Quando penso no segundo movimento da mesma sinfonia, nele há passagens que para mim são como uma prece em que minha alma se encontra em casa. Tudo o que me constitui, o mais profundo em mim, minha alma, fica cheio de devoção, de fervor, animado a entregar-se simplesmente a um poder maior, a Deus.

Eu sei que você tem quase todas as cantatas de Bach e que Bach é muito importante para você. Você conhece as experiências interiores em que sente sua alma ao escutar a música de Bach, em que encontra uma caixa de ressonância por assim dizer em sua alma, que reage à música de Johann Sebastian Bach.

Anselm Grün: Após o almoço dos domingos, sempre me proporciono o prazer de ouvir uma cantata de Bach. Hoje após o almoço ouvi, por exemplo, a cantata da festa da Reforma *Uma fortaleza inexpugnável é o nosso Deus*. No dueto entre contralto e tenor "Quão bem-aventurados são aqueles que trazem Deus na boca" sinto o desejo de minha alma. O oboé e o violino tocam uma melodia intimista que toca minha alma. Nesta melodia, as palavras caem em meu coração. Há tanta ternura nesta música! Ali entro em contato com o amor que está disponível no chão de minha alma e que sempre de novo quer ser despertado.

A música de Johann Sebastian Bach é para mim um caminho de escutar meu interior e provocar em mim o desejo de Deus. Isto acalma minha alma e também a torna viva. Muita outra coisa então se relativiza. Estou totalmente no ouvir e esqueço tudo em torno de mim. E sinto como a clara estrutura que ressoa na música de Bach também ordena minha alma e a estrutura de tal forma que ela entra em contato com sua natureza.

Além de Bach, gosto de ouvir Mozart. Ali sinto minha alma de modo diferente. É a sensação de que dor e alegria estão intimamente ligadas. Mozart me anima a aceitar tudo o que existe em mim, sem fazer drama, aceitar-me com brandura, descobrir em meio à monotonia, a alegria de ser, e, em meio ao amor entre homem e mulher, simplesmente o mistério do amor, de um amor que une céu e terra, Deus e o ser humano.

Wunibald Müller: Nós não vemos a alma, mas existem diversas maneiras de entrar em contato com ela. A alma é audível em nossa voz, sentimo-la na música. Encontramos a alma na oração, o que pode passar despercebido na meditação. A alma pode também manifestar-se na maneira como abordamos alguém.

Os rituais podem estabelecer a união com a alma. Alguém outro pode entrar em contato com sua alma através do toque do tambor, quando se entrega simplesmente a este rufar e assim, como acontece no escutar da cantata de Bach, esquece o mundo. Também a linguagem dos salmos pode ser uma forma de entrar em contato com a alma; quando me dedico aos salmos, neles me embalo e por eles me deixo levar para minha alma.

Cantar, dançar, ler poesia, entregar-se a atividades criativas, brincar, tudo pode contribuir para entrar em contato com a alma. São janelas que conduzem à alma.

Anselm Grün: Que o canto embalava a alma, já o sabiam os poetas. Friedrich Schiller escreve em *Braut von Messina*: "Nas asas seráficas do canto, a alma libertada alça voo para o alto" (*Doch auf den Seraphsflügeln des Gesangs, schwang die befreite Seele sich nach oben*).

A alma secaria se não tivesse o canto. O canto a liberta de suas amarras. Aí recebe asas. São quadros maravilhosos da alma que Schiller pinta aqui. O canto liberta a alma, de modo que ela pode elevar-se para o alto, para Deus.

Foram sobretudo os poetas românticos que sempre escreveram sobre o fato de que a alma possui uma afinidade especial com a música. A alma canta sua canção íntima. Novalis fala que toda a alma pode tornar-se canção: "Toda sua alma transformara-se em suave canção". É uma

canção inaudível, mas que apesar disso é perceptível às pessoas mais próximas. Elas sentem ao
mesmo tempo a vibração da suave canção que a
alma da outra pessoa canta silenciosa e oculta-
mente. A alma não só canta, ela tem também um
som próprio. Quando escutamos com atenção,
ela soa maravilhosamente. Ela canta em seu interior. Eichendorff, outro grande poeta romântico,
fala de canções que ressoam na alma: "Uma canção de há muito esquecida soou-lhe tremulante
na alma". A alma lembra-se das canções da infân-
cia que a marcaram profundamente e através das
quais entrou em contato pela primeira vez com
sua natureza mais íntima. Quando essas velhas
canções voltam a ressoar na alma, ela começa a
sentir arrepios. Ela se agita interiormente e leva
também a pessoa a vibrar. A canção que ressoa
na alma nos põe em contato com nossa verdadeira natureza, com nosso pressentimento interior
de uma vida realizada e feliz. As canções de muito tempo atrás cantam, em última análise, a felicidade do amor.

Wunibald Müller: Também em outro campo a alma desempenha um papel importante. É

a arte. O artista, o escultor, o pintor expressam na obra sua alma ou algo dela.

Anselm Grün: A alma do artista manifesta-se em sua obra de arte. Reconhecemo-lo nas obras de grandes poetas. Uma obra de arte tem alma porque nela se espelha a alma do artista. Quando olhamos um quadro, reconhecemos muitas vezes nos olhos o olhar da alma. Há olhos em que percebemos a alma da pessoa. E há retratos de pessoas em cujos olhares vemos uma alma transparente. É algo delicado, permeável, puro, que só se pode descrever como "alma pura". Vejo nos quadros não só a alma do artista, mas uma claridade interior que ultrapassa a alma individual. A alma em si torna-se visível em um quadro assim. Ao contemplar um quadro desses, entro em contato com minha própria alma, com o legítimo e puro que existe também em minha alma, muitas vezes escondido sob todo tipo de lixo acumulado. A contemplação de uma obra de arte me permite olhar através da camada de lixo para o chão limpo de minha alma. É o chão no qual mora o próprio Deus dentro de mim.

Corpo e alma

Wunibald Müller: "O corpo é o primeiro que a alma converte a si. Nossa vida é a alma que se dá a conhecer ao corpo através de seus frutos", escreveu o americano Henry David Thoreau no século XIX. Eu experimento minha alma como vida, como algo vivo em mim. Depende também de mim se e até que ponto minha alma se manifesta naquilo que sou, no que faço e penso, se minha alma brilha ou não. Isto se aplica a meu corpo, mas se mostra também na maneira de eu comer, como lido com minha sexualidade, o que escrevo, como conduzo uma conversa, como rezo, etc. Quando a alma participa do jogo, tudo fica animado, perpassado por minha alma.

Minha alma atua sobre minha vida e sobre a conformação de minha vida. Também procura sempre possibilidades que a façam reviver como, por exemplo, num concerto. Ouvir a Sinfonia da Ressurreição, de Gustav Mahler, é um bálsamo para minha alma, ela como que renasce na música dessa sinfonia.

Para nossa alma é importante encontrar um corpo em que se sinta bem. Entendo, por isso, Santa Hildegarda quando diz: "Faze bem a teu corpo, para que nele a alma se possa embalar". Um corpo descuidado, um corpo que sofre todo tipo de abuso, que é tratado como lixo, prejudica também a atividade de nossa alma. Um corpo assim descuidado prejudica as possibilidades que nossa alma tem de contribuir para nosso bem-estar corporal.

Anselm Grün: Para mim, esta frase de Santa Hildegarda é uma admoestação para eu tratar bem o meu corpo. No acompanhamento espiritual que faço, percebo constantemente que as pessoas que tratam com rudeza seu corpo também não estão em contato com suas almas. Elas confessam, sim, a Encarnação de Deus, da qual nos fala o Evangelho de João. Mas, apesar disso, renegam seu próprio corpo. Elas o rebaixam e não querem aceitar o fato de a alma se manifestar precisamente no corpo que são elas.

São Bento exige do celeireiro que ele preste sempre atenção à sua alma. Isto significa para mim que também devo escutar o meu corpo. Quando simplesmente escuto o meu interior, o que me diz meu corpo? Sinto resistência contra este trabalho? Sinto cansaço e desprazer? Eu escuto minha alma quando escuto também o meu corpo. E posso entender melhor a mensagem de minha alma quando trato bem o meu corpo. Se eu só o instigo a produzir cada vez mais, perco também o contato com minha alma. Minha alma toma a palavra quando me sinaliza através do corpo de que não tenho prazer algum, de que tudo em mim está estrangulado, de que me sinto dilacerado e vazio.

Para mim é importante ouvir esses impulsos interiores. Eu permito que todos os meus sentimentos possam existir. Mas falo então com os sentimentos e os sintomas corporais para perguntar o que gostariam de me dizer. Muitas vezes querem advertir-me para ter mais limites, para cuidar melhor de mim. Muitas vezes não se trata de mais ou menos trabalho, mas de outra atitude. Preciso abandonar minha necessidade de satisfazer as expectativas dos outros. Minha alma fala a mim através do corpo. E eu levo a sério a advertência de São Bento de sempre dar atenção à minha alma. Caso contrário também meu trabalho na administração ficará desalmado. E isto viria em prejuízo de todos os colaboradores e da abadia inteira.

Wunibald Müller: Se não ouvirmos nossa alma, corremos o perigo de nos afastar da vida natural, do "solo nutritivo da alma. [...] Existe uma fenda entre consciência e inconsciente. O eu está dependurado no ar e fica paralisado – de medo. [...] As leis psíquicas da natureza são violadas e a pessoa se coloca acima dos fatos fundamentais da vida e da alma, vivendo de forma não natural", diz Josef Goldbrunner.

Para impedir isto, há necessidade de atenção e respeito à natureza maravilhosa da alma.

"Há necessidade de humildade de espírito para admitir que precisa depor às vezes o cetro do comando e que não pode e deve ele mesmo determinar, mas ouvir e auscultar o crescimento silencioso na profundeza da alma humana."

Anselm Grün: Eu sinto minha alma como uma fonte de saúde na qual posso mergulhar. Quando estou esgotado, não procuro refazer-me com técnicas de relaxamento. Antes, ouço simplesmente o meu interior. Tenho então a impressão de que há em mim uma fonte que jorra. Às vezes sinto a tranquilidade que brota do chão de minha alma e que acalma meu desassossego.

Outra vez experimento sobretudo o refrigério dessa fonte interior. A alma é qual nascente de água que sempre corre, porque nela brota a fonte do Espírito Santo, que é inesgotável – porque divina. Quando escrevo um livro, percebo às vezes que ele não vai adiante. Deito-me então na cama por cinco minutos e ouço simplesmente o meu interior. Tento respirar calmamente. Surgem então ideias que me ajudam a prosseguir. Não posso forçar o aparecimento de ideias por meio da reflexão sistemática. Há necessidade de contato com a alma, para que elas fluam.

Wunibald Müller: Segundo Josef Goldbrunner, nossa alma dispõe de "uma quantidade determinada de força vital, de energia psíquica, em que as pessoas, de acordo com seu temperamento, são muito diferentes". Quando sentimos em nós um deserto psíquico e aridez, isto se deve entender – como pensa Josef Goldbrunner – como reação de um equilíbrio psíquico de energia.

> A consciência é esvaziada de força vital, sente-se cansada, está inativa e deserta. Há que fazer uma pausa na atividade da consciência. Enquanto isso, a força vital que sumiu está ativa no inconsciente. [...] O que é processado lá na profundeza reverte, após algum tempo, novamente em benefício da vivacidade da consciência. [...] A força vital se renova nas profundezas, no "celeiro de Deus". O tempo intervalado não é de forma nenhuma tempo perdido, é uma pausa criativa.

Anselm Grün: Aristóteles, o discípulo de Platão que colocou na real a visão idealista de seu mestre, vê a alma como forma do corpo. Este modo de ver, Tomás de Aquino o assumiu. Ele liga a alma ao corpo. A alma dá forma ao corpo humano. A alma substitui então o ser pessoa do ser humano. E esta doutrina do grande filósofo e teólogo medieval abre a alma para aquilo que em nossos dias a psicologia afirma da alma. Corpo e alma estão sempre relacionados. O corpo permite concluir para o estado da alma, e a alma atua sobre o corpo, seja curando, seja tornando doente. O corpo nos faculta conhecer a situação de nossa alma, e nossa alma, por sua vez, atua sobre nossas disposições corporais.

Parte VI

Pastoral e psicoterapia como cuidados com a alma

Wunibald Müller: Numa compreensão tão ampla e profunda de alma, a tarefa do/a pastoralista move-se outra vez para uma nova luz. Não é um privilégio ter no cuidado da alma uma tarefa essencial de sua atividade? Não é uma tarefa magnífica? A profissão do/a pastoralista não recebe um novo brilho se sua tarefa não for vista em primeiro lugar como cuidado pela alma, pelo mais íntimo do ser humano?

Minha experiência é que muitas pessoas gostariam de encontrar homens e mulheres com os quais se pudessem abrir, aos quais pudessem mostrar seu interior. Pessoas que estejam interessadas em mim e no meu mais íntimo, no meu mais profundo, em minha alma, que cuidem de minha alma. Cuidados no sentido de que tudo me vá bem no tocante à alma, para que minha alma não seja prejudicada em tudo o que me ocupa e me leva de um lugar a outro, para que minha alma não seja esquecida.

Pela alma do outro só pode preocupar-se quem se preocupa com sua própria alma, que está em contato com ela. Alguém que se descuida de sua alma, que não tem um cuidado especial com ela, pode chamar-se pastoralista, mas não consegue satisfazer a necessidade das pessoas que estão interessadas numa verdadeira assistência religiosa.

Anselm Grün: No acompanhamento espiritual é importante para mim que o/a pastoralista preste atenção à sua vida espiritual. Trata-se em primeiro lugar não de disciplina, mas que leve a sério sua alma. Mas, para conseguir ouvir a alma, há também a necessidade de tempo de silêncio, de oração e de meditação. Na Antiguidade falava-se do diálogo com sua alma. Lucas, que conhece esta tradição da filosofia grega, conta o diálogo de um rico produtor de grãos com sua alma: "Direi à minha alma: alma, tens muitos bens armazenados para muitos anos;

descansa, come, bebe, festeja" (Lc 12,19). Mas Lucas nos adverte a falar de outro modo com nossa alma, não acalmá-la com riquezas exteriores, mas ouvir seus verdadeiros impulsos.

Todo/a pastoralista precisa de lugares em que possa entrar em contato com a alma, sem colocar-se sob a pressão espiritual de mostrar resultado. Pode ser um passeio pela mata, ou um concerto para o qual reservo um tempo. Preciso de uma cultura da alma para entrar em contato com minha alma e entender sua mensagem. Este é o pressuposto para perceber a alma da outra pessoa e prestar ouvido a seu desejo mais profundo. Só quando eu tratar bem minha alma, desenvolverei também um bom sentimento para com a alma da outra pessoa, entrarei em contato com sua alma e entenderei o que lhe faz bem.

Para Santo Agostinho, a cura de almas consiste em escutar o desejo que está em cada pessoa. Mesmo quando ela não me parece piedosa; sobretudo quando ela se empenha apaixonadamente por alguma coisa, há, segundo Agostinho, em ação um desejo, o desejo de êxito na vida, de felicidade, de segurança, de amor. E, em última análise, trata-se do desejo de Deus. Pois só Deus consegue satisfazer nosso desejo mais profundo. Em vez de lamentar que as pessoas de hoje não têm mais fé, a pastoral consiste, para mim, em descobrir o desejo das pessoas, senti-lo e abordá-lo. E trata-se também de continuar refletindo sobre o desejo dos outros. O que deseja em seu mais profundo a outra pessoa? Descobriremos ao final em cada alma um desejo religioso, um desejo de êxito total, de segurança total, de amor e de felicidade. Mas este desejo só Deus o pode satisfazer.

Wunibald Müller: Entretanto, existem vozes esporádicas sobretudo no âmbito norte-americano que falam da psicoterapia como da verdadeira cura de almas. Aqueles que defendem este ponto de vista reconhecem que também na psicoterapia trata-se em última análise de atingir a alma da pessoa, de ajudar as pessoas a entrarem novamente em contato com sua alma, de contribuir para que a alma assuma o comando na vida dessas pessoas.

Aconteceu de fato que os/as psicoterapeutas substituíram os/as pastoralistas. Em suas necessidades psíquicas, as pessoas procuram sempre mais os/as psicoterapeutas. E também porque, no encontro com eles, as pessoas são abordadas no seu mais íntimo e podem fazer experiências que elas sentem como cuidado com sua alma, no sentido de fazerem experiências do tipo espiritual nesses encontros que correspondem melhor ao seu desejo de experiência espiritual do que no encontro com um sacerdote ou um/a pastoralista que pode estar atulhado de teologia, prescrições eclesiásticas, ou de técnicas de conversa, mas que não está em contato com seu mais íntimo e que por isso também não conseguem fazer soar e vibrar o mais íntimo no encontro com aquele que está procurando se aconselhar.

Anselm Grün: Existem muitas pessoas que hoje não procuram mais o sacerdote ou o/a pastoralista, mas o terapeuta. Por outro lado, vejo muitas pessoas que procuram nosso mosteiro porque para elas só a psicoterapia não basta. Gostariam de uma cura de almas que também levasse em consideração o lado terapêutico. Mas gostariam sobretudo de repensar concretamente sua fé no acompanhamento e avaliá-la até que ponto ela as ajuda a lidar com suas deficiências e feridas. Hoje é grande desejo, sobretudo por parte das pessoas religiosas, de vincular o lado terapêutico com a pastoral. Mas então há necessidade de uma cura de almas que entenda alguma coisa de psicologia e que leve a sério os padrões psíquicos fundamentais da alma, sem copiar o terapeuta.

Wunibald Müller: Eu penso que existe também grande diferença entre a tarefa do psicoterapeuta e do cura de almas, que não deveríamos misturar. Por outro lado, representa enorme aprofundamento do trabalho do psicoterapeuta, do cura de almas e também do profissional da saúde, quando eles se conscientizam em seu acompanhamento e em seus procedimentos de que a pessoa que encontram é constituída de uma alma e não esquecem que tudo o que fazem pode ter efeitos sobre a alma. Estarão bem orientados se, em todo seu agir, levarem em consideração a presença da alma, estiverem interessados em sempre incluir a alma e suas possibilidades.

O cuidado com a alma, a *cura animarum*, poderia ser expresso por diferentes grupos profissionais com uma intenção e tarefas diversas. Assim, o profissional da saúde que está em contato com sua própria alma pode, no encontro com os pacientes – sem substituir o cura de almas – fazer que soe no paciente o lado-alma e tornar isso proveitoso para o processo da cura. Não se trata de fazer do profissional da saúde um pastoralista (cura de almas). Mas fazer com que o profissional da saúde se conscientize novamente de que existe a dimensão-alma, de que se trata aqui de uma dimensão essencial do ser humano e de que simplesmente fará muito bem se em seu procedimento levar em conta essa dimensão.

O cuidado do psicoterapeuta com a alma pode demonstrar-se no fato de tentar entrar em contato com o lado interior de uma pessoa, visando detectar bloqueios ou desenvolvimentos errados, tentar removê-los ou então corrigi-los. Em nenhum outro encontro profissional chego tão perto do núcleo de uma pessoa como no encontro psicoterapêutico. E com isso, é de se esperar, entro em contato com o mais profundo da pessoa que me procura, com sua alma. Mas quando estou tão perto de uma pessoa, quando desço tanto em sua profundidade e me ocupo tão intensamente com seu lado interior, então não pode ser diferente: como psicoterapeuta, entro em contato sempre mais com a alma da outra pessoa que me procurou. Provavelmente só registrarei e sentirei isso como psicoterapeuta quando eu me convencer de que em mim também há uma alma, quando tomo conhecimento dela, quando a aceitei e estou em contato com ela.

Se isto aconteceu, posso esperar, no encontro com o consulente, que a alma vai novamente transparecer nele. Eu ficaria admirado se não a percebesse, se ela não transparecesse, se não manifestasse sua presença. Então é minha tarefa inclusive ver por que este lado na vida da pessoa aparentemente não se manifesta ou está subdesenvolvido. Ao menos eu me sensibilizo por este lado. Sou aberto a isso e vejo como sendo tarefa contribuir para que também o lado da alma na pessoa que me procura tome seu devido lugar. Tal compreensão orienta o psicoterapeuta como amigo da alma e o leva a que sua amizade atinja o mais íntimo da outra pessoa.

Anselm Grün: Quando isto tem os melhores resultados nos casos de que trata? Percebo em meus acompanhamentos que aqui se exige a arte de a gente mesmo se refrear como acompanhante.

Wunibald Müller: Sim, há necessidade nesse processo de certo refreamento no encontro com a pessoa que procura conselho, para que sua alma se possa mexer e manifestar e que aquilo que gostaria de dizer não passe despercebido.

Pressuponho que você conheça em seu acompanhamento espiritual também a situação em que pessoas, que você acompanha, lhe peçam um conselho, de como vai ser daqui para frente, por exemplo. Não sei como você age num caso desses, se você se deixa induzir a dar conselhos, ou se você aproveita, por exemplo, a insegurança que está por trás da pergunta. Pessoalmente me agrada a maneira como C.G. Jung procedia muitas vezes em casos semelhantes. Quando era pressionado por seus clientes a dar respostas definitivas a perguntas como "O que o senhor aconselha? O que devo fazer?", respondia muitas vezes apenas com um encolher de ombros e dizendo: "Também não sei". Além disso, achava que só havia uma coisa certa: as pessoas que vinham consultá-lo tinham de aprender a escutar sua "psique inconsciente", se quisessem realmente sair de novo da insuportável estagnação em que se encontravam.

Anselm Grün: Percebo muitas vezes no interlocutor a expectativa de que eu resolva seus problemas. Antigamente eu caía muitas vezes nessa arapuca e me sentia lisonjeado quando alguém me pedia um conselho. Mas aos poucos fui percebendo que eu reagia sobretudo alergicamente.

Procuro escutar primeiro o que a outra pessoa mesma acha. Pergunto então: o que você acha que poderia ajudá-lo? Tento levar a pessoa ao contato com as soluções que estão prontas em sua alma. Algumas pessoas se recusam a olhar para dentro de si mesmas. Não confiam em si mesmas. Mas minha experiência indica que pouco ajuda quando eu desenvolvo uma estratégia no lugar delas. A solução deve partir delas mesmas. Só posso ajudar a que confiem nos impulsos de sua própria alma. Minha tarefa é fortalecer aquilo que se eleva do próprio interior da pessoa e às vezes também concretizar e estimular, transformar o impulso num programa.

Muitas vezes pessoas religiosas se queixam por que Deus não as ajuda. Dizem que rezam muito, mas que até agora não adiantou de nada. Escuto então a pergunta recriminadora: "Por que Deus me deixa sofrer tanto? Por que ele não me ajuda?" Respondo bem diretamente: "Deus não vai por certo tirar-lhe o problema simplesmente a partir de fora. Deus lhe fala em seu coração. Você deveria ouvir aquilo que a alma lhe quer dizer. Nisso Deus lhe mostra um caminho".

São precisamente as pessoas que falam muito de seu caminho religioso que me dão a impressão de não estarem dispostas a encarar a verdade de sua alma e reconhecer a causa de seu sofrimento. Se fossem ao encontro da própria verdade, também o caminho espiritual poderia tornar-se uma ajuda para lidar de tal forma com essa verdade, que não precisariam mais sofrer tanto. Muitas vezes, porém, essas pessoas estão fixadas em determinadas ideias de como a vida deve ser e o que Deus lhes deve dar. Isto é uma tentativa de usar a religião para afastar-se da própria alma e, em última análise, também de Deus.

Wunibald Müller: Se isto acontecer, considero ser minha tarefa como psicoterapeuta ajudar pessoas a entrar novamente em contato com sua alma e a posicionar-se em relação a ela. Posso então contribuir para que nas pessoas que procuram meu aconselhamento seja novamente despertado, estimulado e desdobrado o lado-alma; para que a vida dessas pessoas se torne assim mais rica, mais profunda e mais sólida; para que o potencial empírico de estar ligado a algo maior, estar ancorado em algo que aponta para além de mim, seja aproveitado e, assim, contribua para a bênção dessa pessoa.

Segundo a visão do teólogo Matthew Fox, os místicos são os artistas da alma. "Eles são poetas da alma. Por isso se sente atraído para os místicos aquele que toma a sério hoje trabalhar com almas, também terapeutas que voltam a tomar este foco". Psicoterapeutas, conselheiros espirituais, profissionais da saúde que não se preocupam com a própria alma, que nunca a experimentaram, que não sabem o que lhe faz bem, do que precisa, são apenas relativamente capazes para se preocupar com a alma. São e atuam mais como gerentes de um "posto de combustível espiritual" do que como verdadeiros guias de almas. Ainda não se puseram naquele caminho que os leva a entregar à alma a direção de sua própria vida. Se psicoterapeutas, conselheiros espirituais, profissionais da saúde quiserem ajudar as pessoas que os procuram a entrar novamente em contato com sua alma e encontrar sua alma, só poderão fazê-lo se eles mesmos estiverem em contato com sua alma, se a tiverem encontrado.

Anselm Grün: Para mim é interessante observar que muitos psicólogos se ocupam com os escritos dos místicos. No acompanhamento espiritual, costumo perguntar também quais os livros que a pessoa lê. Fico satisfeito que muitos pastoralistas se aprofundam nos escritos dos místicos. Contudo, não basta ler os escritos. Importante é a experiência de Deus, que para a mística é essencial. Não posso forçar a experiência de Deus. Mas se tentar persistentemente abrir-me no silêncio para Deus, posso confiar que entrarei em contato com minha alma e que lá poderei experimentar também a Deus que mora nela. Só a ideia de que Deus mora em mim já me ajuda a relativizar a agitação exterior em torno de mim. Em vez de só nos preocuparmos com a administração exterior de uma paróquia, faria bem a nós, curas de almas, ocupar-nos com a tradição mística de nossa fé cristã e trilhar um caminho espiritual, um caminho interior que nos conduz ao autêntico interior, à alma.

Wunibald Müller: Cura de almas significa essencialmente para mim incluir em minha preocupação pela outra pessoa sempre também a dimensão da alma, isto é, também do aspecto religioso, do totalmente outro. Isto pode não ser muito expressivo para o médico e para o que ele faz. Isto diz mais respeito ao terapeuta. Mas para o cura de almas isto diz respeito de modo muito especial. Para ele é muito importante estar sempre alerta para a alma, para as necessidades dela. Entendo isso também como um estar alerta para as moções do inconsciente, da alma. Escuto aquilo que o outro diz, mas fico sensível, alerta e presto atenção de modo especial ao que sinto como necessidade, como desejo da alma do outro. Para então reagir a isso, para colaborar da maneira como posso a fim de que a alma receba as respostas de que precisa, a fim de que se lhe proporcione o alimento a ela importante para não só sobreviver, mas realmente viver.

Anselm Grün: O Bispo Sinésio, que viveu no século IV, escreveu um livro sobre interpretação dos sonhos. Ele entendeu isso como contribuição para a verdadeira cura de almas cristã e estava convencido de que o cura de almas precisa primeiro entender a linguagem da alma, para então mostrar-lhe um caminho, a fim de que por ele chegue à sua própria verdade. Para Sinésio, o sonho era o lugar em que Deus falava à nossa alma. Portanto, na história da cura de almas cristã sempre existiu o entendimento de que devemos ouvir bem a nossa alma para também entendermos a alma das pessoas das quais devemos cuidar.

A alma e seu interesse
pelo misterioso

Wunibald Müller: C.G. Jung diz em suas *Memórias*:

> É importante que tenhamos um segredo e a intuição de algo incognoscível. Esse mistério dá à vida um tom impessoal e "numinoso". Quem não teve uma experiência desse tipo perdeu algo de importante. A pessoa deve sentir que vive num mundo misterioso, sob certos aspectos, onde ocorrem coisas inauditas – que permanecem inexplicáveis – e não somente coisas que se desenvolvem nos limites do esperado. O inesperado e o inabitual fazem parte do mundo. Só então a vida é completa. Para mim, o mundo, desde o início, era infinitamente grande e inabarcável (Compilação de Aniela Jaffé, tradução de Dora Ferreira da Silva).

Essas palavras nós devemos deixá-las se dissolverem sobre a língua. Nelas, vejo muitas referências à nossa alma, à presença, à atuação da alma. Para mim ela é aquela instância em nós que nos torna receptivos e sensíveis ao misterioso. É também a instância em nós que se esforça para que o misterioso se torne perceptível em nossa vida, para que nos interessemos por ele. Nossa alma fica triste, não se sente bem quando o misterioso em nossa vida é prejudicado, regride cada vez mais, é substituído pelo banal, pelo pseudomisterioso.

Diz-se de C.G. Jung que em seu aconselhamento agia quase sempre como alguém muito presente, mas algumas vezes dava a impressão de estar de certa forma ausente com suas ideias, de estar em algum lugar bem diferente. Marie-Louise von Franz, discípula de Jung, escreve a este respeito:

> A consonância ora contrastante, ora harmônica da consciência do eu e do inconsciente, os dois mundos de espelhos, entre os quais ele se esforçava por manter um espaço, também era perceptível no encontro pessoal com Jung. Seus olhos vivos e bem negros se detinham ora com

aparente interesse benévolo no visitante, ora vagueavam longe, como que procurando por um pano de fundo escuro a partir do qual esperava uma resposta. Apesar de sua natureza simples e discreta, a gente se sentia deslocado para uma esfera de pressentimentos e de magia e começava a sentir de repente aquele poder misterioso em cujas mãos repousa todo destino humano e donde provêm sentido e absurdo da própria natureza. Quase nunca alguém saiu de seu consultório sem ter sido tocado por aquele poder espiritual do inconsciente e, assim, sentir a interpelação de se voltar também para seu n. 2, que suporta nossa efêmera consciência do eu, transforma-a e lhe dá o sentido mais profundo.

Anselm Grün: O que você conta de C.G. Jung, eu o percebi de forma semelhante em conversas com o conde Durckheim. Também ele era terapeuta da escola junguiana. Mas ele vinculou a psicologia junguiana à meditação-zen. Para ele importava em última análise a experiência do ser e o contato com o ser. Com isso entendia o sentimento pelo transcendente, por aquilo que mantinha o mundo coeso no mais íntimo. Em conversas com ele, tinha eu a impressão de que escutava atentamente o que eu dizia, mas não o analisava racionalmente; parecia escutar algo maior do que minhas palavras. Sua presença não era apenas um estar voltado para mim, mas também uma abertura para o misterioso que a todos engloba. Não consigo copiar simplesmente isso. Mas já me perguntei se minhas conversas não seriam mais fecundas se eu suplementarmente estivesse sempre relacionado com o misterioso ao meu redor.

Wunibald Müller: Faço experiências semelhantes no aconselhamento. Procuro então estar totalmente aí, simplesmente presente, e escutar o que a pessoa que procura conselho me diz. Mas, ao mesmo tempo, minha alma está preparada para uma recepção. Sinto regularmente como, ao lado de meu estar-em-mim consciente, existe em mim uma outra vigilância que me une à minha alma.

Sinto-me então totalmente presente, bem desperto e confio naquilo que nesta vigilância surge como resposta, como reação em mim. Acho que sinto, vejo e percebo na outra pessoa alguma coisa que eu não veria, sentiria ou perceberia se sua alma não estivesse preparada para a recepção. Nesses momentos consigo ficar bem quieto, não me coloco sob pressão, confio, por assim dizer, nos movimentos de minha alma, naquilo que me é atribuído e provém de lá, para finalmente expressá-lo em palavras.

O interesse de C.G. Jung pelo misterioso mostra-se também quando a gente observa o escritório dele. Diz a biografia de Jung, escrita por Deirdre Bair:

> O característico do escritório era marcado pela janela; três grandes vidraças com vidros em cores, em que estavam representadas cenas da história da paixão de Cristo: a flagelação, a crucifixão e o sepultamento. Era possível puxar uma cortina sobre esta janela, voltada para o Oeste, para proteger-se do sol que se punha. E cuidadosamente escondida atrás dessa cortina estava dependurada na parede uma foto do sudário de Turim, ao qual Jung sempre se referia como o *Linceul du Christ*.

O recém-falecido teólogo pastoralista de Regensburg, Josef Goldbrunner, que na qualidade de teólogo discutia com Jung, contou-me, num encontro que tive com ele em Regensburg, que C.G. Jung e sua esposa o convidaram certa vez para um jantar. Após o jantar, C.G. Jung levou-o ao seu escritório. Mostrou-lhe a foto do sudário de Turim, escondida atrás da cortina, e disse a Josef Goldbrunner: só me interesso ainda pelo invisível, pelo misterioso.

É como se quisesse descobrir no visível uma reprodução do invisível. Ou aplicado à alma: queria descobrir a alma invisível nas coisas visíveis, torná-la visível. Ajudar as pessoas que o procuravam a sentir sua própria alma, ter dela uma sensação, um pressentimento. E finalmente confiar-lhe o comando de sua vida, confiar na ação da alma em sua vida, seguir os movimentos e moções da alma para conformar e viver adequadamente sua vida.

Anselm Grün: O que você disse de C.G. Jung e de seu interesse pelo misterioso me tocou bastante. Eu penso de fato que a alma é o campo em nós que nos remete a Deus, mas também ao fundamento misterioso de toda pessoa. A alma nos lembra que a pessoa diante de nós não tem só esta ou aquela história, traz em si este ou aquele modelo de vida, mas tem uma alma que a liga em seu mais íntimo a Deus. Quando estou em contato com minha alma, não só escuto as palavras da outra pessoa, mas ausculto seu desejo, o desejo de se proteger no misterioso, ir além de si para dentro da fonte do amor, que em última análise é Deus.

A alma coloca-me em contato com minha intuição. E a intuição me diz muitas vezes mais do que a exata observação dos outros, do que o pensamento analítico que examina a descrição do interlocutor com base em um modelo neurótico. Existem experiências de que é melhor, também na escolha dos colaboradores, ouvir a própria alma, a intuição, o sentimento abdominal, do que racionalmente só examinar a formação e as capacidades do candidato. Em nossa alma sabemos se a outra pessoa nos serve ou não, se vai engajar-se e desenvolver-se em nosso time. Por que isto acontece, só é possível explicá-lo pelo fato de nossa alma ter contato com a alma da outra pessoa.

Wunibald Müller: Enquanto troco ideias com você sobre o significado do misterioso, sinto como minha alma vibra junto, se sente compreendida e levada a sério. Bem no fundo de mim registro e sinto: Sim, é isto, é isto que importa. É decisivo cuidar para que em minha vida o misterioso não sofra prejuízo, que impregne minha vida com o misterioso, o que porém significa deixar-me impregnar de minha alma.

Ao mesmo tempo, parece-me importante também deixar ao misterioso o misterioso. Não analisá-lo até o esgotamento. Deve ficar algo que permanece indizível. Já que se refere à alma, nós nos esforçamos mais ainda para levantar um pouco o véu de seu aspecto misterioso, sem contudo, espero eu, tirar-lhe o caráter de mistério.

PARTE VII

A alma entre o eu e o tu

Wunibald Müller: Martin Buber escreve:

> Nenhuma fábrica e nenhum escritório são tão isolados que neles não se possa, de posto de trabalho em posto de trabalho, de escrivaninha em escrivaninha, levantar um olhar sóbrio e fraterno. [...] E nada é um serviço tão grande, no diálogo entre Deus e o ser humano, do que uma troca não sentimental e não romântica de olhares entre pessoas em ambiente estranho.

Um olhar semelhante pode revelar-se a alma.

A alma não está só em mim. Ela está também entre mim e a outra pessoa. Martin Buber deve ter se referido a uma questão intercalada correspondente: "Mas, senhores, o inconsciente não se encontra na pessoa! Encontra-se entre as pessoas". O psicólogo e professor universitário

Avist von Schlippe, que se dedicou equitativamente à teoria dos sistemas e ao aconselhamento, comenta isto com as palavras de que a pessoa está perdida em seu peito com sua infinitude, se esta infinitude não encontrar também uma correspondente, e precisamente um seu oposto: "As pessoas estendem uma à outra o pão do céu do ser humano", escreve Martin Buber em seu livro *Urdistanz und Beziehung*. É precisamente nesta relação criativa entre as pessoas que está aquilo que constitui a alma.

Eu sinto minha alma e a alma de meu interlocutor sobretudo em conversas mais sérias. Ali a alma pode mostrar-se.

Anselm Grün: Percebo em alguns encontros a diferença entre um contato superficial, no qual a gente conversa sobre todas as coisas possíveis, e um encontro cheio de alma, em que a alma recebe asas. Então não falamos de alguma coisa genérica, mas chegamos ao essencial. E de repente surge uma vibração. Duas almas se tocam e se fecundam. Elas se animam mutuamente a tocar no pensar e no falar o mistério que as ultrapassa.

Wunibald Müller: Conheço essas experiências de relações profundas e de encontros no âmbito da terapia. Acontece então o que disse Carl Rogers, o fundador da terapia do diálogo, quando eu o visitei em La Jolla, Califórnia, poucos anos antes de sua morte:

> Constato que de tudo o que faço sai um efeito salutar quando estou o mais próximo possível de meu si-mesmo interior, intuitivo, quando estou de certa forma em contato com o desconhecido em mim. [...] Então só minha presença já é libertação e benefício para a outra pessoa. Nada posso fazer para forçar esta vivência, mas quando relaxo e me aproximo de meu núcleo transcendental, comporto-me estranha e impulsivamente nas respectivas relações, comporto-me de uma maneira que racionalmente não posso fundamentar e que nada tem a ver com meu processo de pensar. Mas este comportamento singular mostra-se estranhamente correto. É como se minha alma tivesse estendido as asas e tocado a alma da outra pessoa. Nossa relação transcende a si mesma e torna-se parte de algo maior.

Poderosas forças de crescimento e de cura e grande energia estão presentes.

Perguntei naquela ocasião também a Carl Rogers se ele acreditava em Deus. Disse que acreditava e que no amor de duas pessoas Deus pode manifestar-se.

Achei fascinante a ideia de que o infinito ou também a alma se manifesta entre as pessoas, talvez inclusive "nasça". Talvez se possa também dizer que aquilo que está colocado em nós como profundidade é por assim dizer desatado, expresso no amor de duas pessoas.

Anselm Grün: Quando duas pessoas se aproximam no mais íntimo e profundo, suas almas se tocam. Assim escreve Schiller: "As almas luziam sem palavras, se tocavam espiritualmente sem intermediário". Um encontro entre duas pessoas encontra sua perfeição quando as duas almas se tocam. Não precisam mais de palavras. É uma concordância interior. Mas a alma também pode ficar ferida. E quando nos lembramos de feridas antigas, as feridas da alma recomeçam a sangrar. Assim se lê no drama de Schiller, *Don Carlos*:

"Quantas feridas de minha alma
começam a sangrar com as lembranças."

Quando duas pessoas estão apaixonadas uma pela outra, falam também de que se sentem com afinidade de almas. Ou que se tornaram um só coração e uma só alma. Têm a sensação de que suas almas se tornam uma só neste amor. Para mim isto é um tema importante: não só a alma entre o eu e o tu, mas também a alma em sua proximidade ao amor.

Os latinos dizem que a alma (*anima*) tem duas tarefas: animar (*animare*) e amar (*amare*). A alma tem evidentemente a capacidade de amar. Ela é a sede do amor. Em seu chão flui uma fonte do amor. Quando duas pessoas se amam, suas almas se aproximam. Herder se dirige à mulher amada com a palavra "alma" e imagina que a amada introduz sua alma em seu coração e que assim nasce uma profunda união: "Alma, minha alma! Isto é você, minha amada, o amor faz de você alma para mim". No amor, a outra pessoa se torna alma para mim. O amor do amigo ou da amiga me leva ao contato com minha própria alma. E vale o inverso: quanto mais em contato estiver com minha alma, mais capacitado estarei para amar e ser amor. Descubro então em minha alma uma fonte inesgotável de amor, em última análise a fonte do amor divino que me é concedida de graça.

Criar alma pela compaixão

Anselm Grün: Precisamos também nós cuidar de nossa alma. Devemos nutri-la com as lembranças daquilo que Deus nos deu, sobretudo das alegrias que já experimentamos em nossa vida. Então recebe novo impulso e torna todo o corpo vivo. Quando a alma tem novo impulso, isto se reflete em tudo o que pegamos nas mãos. Uma alma impulsionada mantém o corpo sadio e lhe dá força. Ela transmite fecundidade ao nosso trabalho e nos une a outras pessoas.

Wunibald Müller: Quando cuidamos de nossa alma, tomamos tempo para nós e nos engajamos em prol de outras pessoas. Somos motivados a dar alma a nossas cidades e prédios, tantas vezes desalmados, para que nossa alma também se sinta bem lá e não se veja forçada a recuar, porque derrotada por tanta frieza. Ao contrário, a alma se mostrará como força que influencia nosso entorno e nosso mundo, ali se expande e prospera, à medida que vai realizando seu trabalho no mundo. A este mundo pertence também o sofrimento, a necessidade, a miséria.

Anselm Grün: A alma sente o sofrimento. Pode ficar triste. O salmista pergunta: "Por que estás triste, ó minha alma, e gemes por mim?" (Sl 42,6). O fato de a alma estar aberta ao sofrimento já o predisse Simeão a Maria: "Quanto a ti, uma espada atravessará tua alma" (Lc 2,35). A tradição espiritual liga o sofrimento de Maria à morte de Jesus. Quando Maria estava junto à cruz de seu filho, uma espada atravessou seu coração. O poeta romântico Tieck tem esta cena diante dos olhos quando escreve no verso:

> "Ah, Maria, quanto sofrimento
> teve que cortar teu coração."

Quando grande sofrimento atravessa a alma, esta fica abatida. Perde em força. Popularmente se diz que algo feriu nossa alma, que algo dói em nossa alma. Existe o ditado: "Feridas da alma demoram a sarar". Aqui se antecipa em palavras poéticas o que a psicologia dirá depois sobre as feridas da psique (alma). As feridas da alma são as verdadeiras feridas. Precisam de muito tempo para sarar.

Wunibald Müller: A alma pode ficar abatida quando me sobrevém grande sofrimento. Neste caso, preciso dar-me também o tempo necessário até que minha alma tenha reunido outra vez novas forças. Às vezes é bem difícil suportar esta situação. Isto acontece, em todo caso, comigo. Tão logo me sinto um pouco melhor, já quero voltar para a rotina habitual. Preciso então forçar-me a buscar ajuda, sabendo que dela preciso e que me fará bem.

Em face do sofrimento, a alma pode transformar-se num vasto campo, conforme disse certa vez Matthew Fox. Isto significa, assim continua ele, que não nascemos com uma alma. Nós precisamos de certa forma fazê-la. A gente faz a alma por assim dizer através da vida – enquanto se vive prazer e sofrimento – e de ambos nascerá a compaixão. "Esta é a tradição mística mais rica do Oriente e do Ocidente, ou seja, aquela que diz que a alma é compaixão, a obra da compaixão. Compaixão é trabalho; ela não está simplesmente aí", diz Fox. Nossa alma se mostra quando nós lutamos por uma causa comum.

Anselm Grün: A alma não só conhece, mas também sente. O desgosto pode – segundo Hölderlin – levar a alma ao fenecimento. Mas a recordação de alegrias do passado dá à alma novo alento.

> "A lembrança de alegrias antigas
> anima a alma em temeroso sofrimento,
> dá à alma novo alento."

Wunibald Müller: Eu posso descobrir a alma ou entrar novamente em contato com ela fazendo contato com pessoas cheias de alma, ou indo a lugares que têm alma como, por exemplo, certas catedrais, paisagens, mosteiros. Um teatro, um ritual, a religião, todos podem comunicar alma. Mas também através de experiências dolorosas posso entrar em contato com minha alma. Sinto sua força e vivacidade, eu estimulo inclusive sua dinâmica na experiência da compaixão.

Para Matthew Fox, a alma é portanto a expressão do ser vivo total. Ela é uma totalidade repleta de força. Esta força faz a alma crescer e prosperar, de modo que se possa manter a si mesma e realizar seu trabalho no mundo.

Os israelitas denominavam esta força vital, sem a qual nenhum ser vivo pode existir, de *barach*, termo que pode ser traduzido por "bênção". Assim, a alma que atua em nossa vida cotidiana se torna uma bênção para nós e para nosso dia a dia.

A alma como fonte do amor

Anselm Grün: A alma é em última análise a fonte de todo o amor. A linguagem da alma é sempre também a linguagem do amor. Isto vale para a relação entre as pessoas que se amam. Mas vale também de modo especial para a relação entre Deus e os homens. A mística vê Cristo sempre como noivo e a alma humana como noiva.

Nas cantatas de Johann Sebastian Bach, cantam Cristo e a alma várias vezes em dueto. Cristo faz o baixo e a alma, o soprano. Cristo e a alma humana tornam-se uma coisa só no amor.

Na cantata *Ich hatte viel Bekümmernis* (Eu tive muita aflição), cantam Jesus e a alma um ao outro:

> *Alma*: Ah Jesus, minha paz, minha luz, onde estás?
>
> *Jesus*: Ó alma, vê! Estou contigo.

Alma: Comigo?

Jesus: Sou teu fiel amigo, que vigia também no escuro quando só há trapaceiros.

Alma: Irrompe então com teu brilho e luz de consolação.

Jesus: A hora está para chegar quando tua luta será coroa para ti, um doce bálsamo.

E terminam Jesus e a alma seu diálogo com um dueto: "Vem, meu Jesus, reanima e alegra com teu olhar esta alma".

Também na cantata *Wachet auf, ruft uns die Stimme* (Despertai, brada a voz) cantam Jesus e a alma em dueto:

Alma: Quando virás, minha salvação?

Jesus: Eu venho, tua parte.

Alma: Espero com óleo queimando. Abre a sala do banquete celeste.

Jesus: Eu abro a sala do banquete celeste.

Alma: Vem, Jesus!

Jesus: Vem, alma encantadora!

A piedade da época barroca ama a mística nupcial entre Jesus e a alma. Esta piedade une a piedade católica e a protestante. Johann Sebastian Bach criou belíssimas melodias para o diálogo da alma com Jesus. É um diálogo de amor, de um amor erótico e ao mesmo tempo místico entre a alma e Jesus, seu noivo.

Na mesma direção aponta a interpretação dada pelos Padres da Igreja ao Cântico dos Cânticos, do Antigo Testamento. Aqui a noiva é sempre identificada com a alma e o amado, com Cristo. A pergunta é: que experiência está por trás dessa interpretação? Evidentemente os Padres da Igreja viram a alma como o lugar do amor na pessoa. Viram a alma por assim dizer como pessoa que em todo seu amor e desejo está orientada para Cristo e vê no amor a Cristo sua realização. É sem dúvida a coisa mais bonita que a tradição eclesiástica disse sobre a alma: que ela é uma noiva capaz de amar e capaz de atrair o noivo para si, aberta para Cristo que satisfaz seu desejo mais profundo de amor.

Wunibald Müller: No Cântico dos Cânticos lê-se uma frase, quando se fala do amor da amada por seu amado: "Minhas entranhas estremeceram por causa dele" (Ct 5,4). "Minhas entranhas" é para mim também minha alma que está inflamada de amor por Deus. Um amor que em nada se distingue do amor que sinto pelas pessoas que amo com tudo o que me constitui.

O amor, se quiser ser verdadeiramente amor, precisa sempre da união com nossa alma. Seja o amor a Deus, o amor às pessoas, o amor ao consorte, o amor na sexualidade. Concordo por isso com Matthew Fox, quando diz: "Deveríamos elevar-nos e dar glória quando conversamos sobre o que é amizade e amor e o que fazem os amantes – este interpenetrar-se mútuo das almas com a ajuda do corpo. Isto é simplesmente admirável!"

Bibliografia utilizada e para leitura complementar

BAIR, Deirdre. *C.G. Jung*: Eine Biographie. Munique, 2003.

BLOCH, Ernst. *Das Prinzip Hoffnung*. Frankfurt no Meno, 1959.

BROWN, Peter. *Augustinus von Hippo*. Leipzig, 1976.

BUBER, Martin. *Urdistanz und Beziehung*. Heidelberg, 1978.

CARLSON, Richard & SHIELD, Benjamin. *Handbook of the Soul*. Boston, 1995.

Christ in der Gegenwart, n. 36, 2007.

Die Zeit, n. 24, 06/06/2007.

ELLSBERG, Robert. *The Saints' Guide to Happiness*. Nova York, 2003.

FELDMANN, Christian. Was uns unbedingt angeht. In: *Publik-Forum*, n. 11, 2004.

GOLDBRUNNER, Josef. *Kleine Lebenslehre der Person*. Regensburgo, 1985.

_____. *Heiligkeit und Gesundheit*. Friburgo, 1946.

GRIMM, Jacob und Wilhelm (org.). *Das Deutsche Wörterbuch*. Leipzig/Munique, 1899/1984.

HILLMAN, James. *A Blue Fire* – The essential James Hillman. Nova York, 1991. [MOORE, Thomas (org.)]

JAFFÉ, Aniela (org.). *Carl Gustav Jung*: Erinnerungen, Träume, Gedanken von C.G. Jung. Zurique, 1997.

JACOBI, Jolande (org.). *C.G. Jung, Mensch und Seele*. Olten, 1971.

JENNER, Otmar. *Das Buch des Übergangs*. Berlim, 2007.

JUNG, Carl Gustav. *Ein grosser Psychologe im Gespräch*. Friburgo, 1994.

_____. *Briefe III* (1956-1961). Olten, 1973.

_____. *Bewusstes und Unbewusstes*. Frankfurt no Meno, 1971.

_____. *Gesammelte Werke*. Vol. VIII. Zurique, 1967.

_____. *Gesammelte Werke*. Vol. XI. Zurique, 1963.

MARC, Aurel. *Selbstbetrachtungen*. Stuttgart, 1973.

MERCIER, Pascal. *Nachtzug nach Lissabon*. Munique, 2006.

MERTON, Thomas. *Zeit der Stille*. Friburgo, 1992.

MOODY, Harry R. *Sinnkrisen in der Mitte des Lebens*. Munique, 1997.

MOORE, Robert & GILLETTE, Dougles. *King, Warrior, Magician, Lover*. São Francisco, 1991.

MOORE, Thomas. *The Soul of Sex*. Nova York, 1998.

_____. *Care of the Soul*. Nova York, 1994.

MÜLLER, Wunibald. *Trau deiner Seele*. Mainz, 2001.

_____. *Auf der Suche nach der verlorenen Seele*. Mainz, 1999.

O'DONOHUE, John. *Anam Cara – A Book of Celtic Wisdom*. Nova York, 1997.

RAHNER, Karl & VORGRIMMLER, Herbert. *Kleines Konzilskompendium*. Friburgo, 1974.

RAFFELT, Albert (org.). *Karl Rahner in Erinnerung*. Düsseldorf, 1994.

ROGERS, Carl. *Der neue Mensch*. Stuttgart, 1981.

SCHAUP, Susanne (org.). *Henry David Thoreau – Aus den Tagebüchern 1837 bis 1861*. Oelde, 1996.

SHELDRAKE, Rupert & FOX, Matthew. *Die Seele ist ein Feld*. Munique, 1996.

TRUNZ, Erich (org.). *Goethes Werke. Hamburger Ausgabe in 14 Bänden*. Munique, 1974.

VON FRANZ, Marie-Louise. *C.G. Jung*: Lebe, Werk & Visionen. Königsfurt, 2001.

WASMUTH, Werner (org.). *Wo aber bleibt die Seele?* Münster, 2004.

YOGANANDA, Paramahansa. *In the Sanctuary of the Soul*. Los Angeles, 1998.